Hugo's Simplified System

Dutch
Phrase Book

Hugo's Language Books Ltd, London

Compiled by
Lexus Ltd
with
Irma Laponder
and
John T. Breckenridge

*Facts and figures given in this book were
correct when printed. If you discover any
changes, please write to us.*

5th impression 1991

Set in 9/9 Plantin Light by
Typesetters Ltd and
Printed and bound in Great Britian by
Courier International Ltd, Tiptree, Essex

CONTENTS

PREFACE

This is the latest in a long line of Hugo Phrase Books and is of excellent pedigree, having been compiled by experts to meet the general needs of tourists and business travellers. Arranged under the usual headings of 'Hotels', 'Motoring' and so forth, the ample selection of useful words and phrases is supported by a 2000-line mini-dictionary. By cross-reference to this, scores of additional phrases may be formed. There is also an extensive menu guide listing approximately 500 dishes or methods of cooking and presentation.

The pronunciation of words and phrases in the main text is imitated in English sound syllables, and highlighted sections illustrate some of the replies you may be given and the signs or instructions you may see or hear.

PRONUNCIATION

When reading the imitated pronunciation, stress that part which is underlined. Pronounce each syllable as if it formed part of an English word, and you will be understood sufficiently well. Remember the points below, and your pronunciation will be even closer to the correct Dutch. Use our audio cassette of selected extracts from this book, and you should be word-perfect!

CH represents the guttural sound of 'ch' as in the Scottish 'loch' (*don't* pronounce this as 'lock').

ey should be as in 'day'.

oo as in 'book'.

OO is like the French sound in 'du', or similar to the 'eau' in 'beauty'.

ow as in 'cow', *not* as in 'low'.

Where an English word exists that is pronounced as the Dutch, then this English word has been given for the pronunciation guide. For example, the Dutch word 'huis' is pronounced just as the English word 'house'.

USEFUL EVERYDAY PHRASES

Yes/No
Ja/Nee
ya/ney

Thank you
Dank u wel
dank OO vel

No thank you
Nee, dank u
ney, dank OO

Please
Alstublieft
alstOObleeft

I don't understand
Ik begrijp het niet
ick beCHreyp et neet

Do you speak English/French/German?
Spreekt u Engels/Frans/Duits?
spreykt OO engels/frans/dowts

I can't speak Dutch
Ik spreek geen Nederlands
ick spreyk CHeyn nederlands

Please speak more slowly
Wilt u alstublieft wat langzamer spreken
vilt OO alstOObleeft vatt langzahmer spreykeh

Please write it down for me
Wilt u het alstublieft voor mij opschrijven
vilt OO et alstOObleeft foor mey opsCHreyfeh

Good morning/good afternoon/good night
Goedemorgen/goedemiddag/goedenavond
CHoodemorCHen/CHoodemiddaCH/CHoodenahhfont

Goodbye
Tot ziens
tot zeens

How are you?
Hoe gaat het met u?
hoo CHaht et met OO

Excuse me please
Neem me niet kwalijk, alstublieft
neym mey neet kvalek alstOObleeft

Sorry!
Sorry!
sorry

I'm really sorry
Het spijt me echt
et speyt mey eCHt

Can you help me?
Kunt u mij helpen?
kuhnt OO mey helpeh

Can you tell me...?
Kunt u mij vertellen...?
kuhnt OO mey fertelleh

Can I have...?
Mag ik ... hebben?
mahCH ick ... hebbeh

I would like...
Ik zou graag...
ick zow CHraCH

Is there a ... here?
Is er hier een...?
iss er here en

Where can I get...?
Waar kan ik ... krijgen?
vahr kan ick ... kreyCHeh

How much is it?
Hoeveel is het?
hooveyl iss et

Do you take credit cards?
Accepteert u kredietkaarten?
acksepteert OO kredeet-kahrteh

Can I pay by cheque?
Kan ik met een cheque betalen?
kan ick met en sheck betahleh

Where are the toilets?
Waar zijn de toiletten?
vahr zeyn de tvaletteh

What time is it?
Hoe laat is het?
hoo laht iss et

I must go now
Ik moet nu gaan
ick moot nOO CHahn

Go away!
Ga weg!
CHa veCH

Cheers!
Proost!
prohst

THINGS YOU'LL SEE OR HEAR

aan de voorkant	at the front
aanbellen	ring
aankomst	arrival
achter	at the back
alstublieft	please
attentie	attention
a.u.b.	please
beneden	at the bottom, downstairs
betalen	pay
bezet	engaged
binnengaan	enter
boven	at the top, above, upstairs
controle	check, inspection
dames	ladies
defect	out of order
dicht	shut
douane	customs
duwen	push
geen, geen een	none, not any
geopend	open
gereserveerd	reserved
gesloten	closed
gevaar	danger
gratis	free
heren	gentlemen
ingang	way in, entry
kassa	till, cash deck
kinderen	children
kloppen	knock
langzaam	slow
let op stap/stapje	mind the step
links	left

$\longrightarrow$

niet roken a.u.b.	no smoking please
niet...	do not...
omkeren	to turn
onder	under
open	open
openingstijden	opening hours
paspoort	passport
prijs	price
rechts	right
snel	fast
stad	town, city
stop	stop
straat	street
strafbaar	punishable
tarief	charges, price list
tijd	time
toegang	access
tot	until
trekken	pull
uitgang	way out
vanuit, van	from, of
verboden	prohibited
verhuren	to rent
verkopen	to sell
vertrek	departure
voetgangers	pedestrians
volwassenen	adults
voorzichtig	take care

DAYS, MONTHS, SEASONS

Sunday	zondag	*zondaCH*
Monday	maandag	*mahndaCH*
Tuesday	dinsdag	*dinsdaCH*
Wednesday	woensdag	*voonsdaCH*
Thursday	donderdag	*donderdaCH*
Friday	vrijdag	*freydaCH*
Saturday	zaterdag	*zahterdaCH*
January	januari	*yanooary*
February	februari	*febrooary*
March	maart	*mahrt*
April	april	*ahpril*
May	mei	*mey*
June	juni	*yOOni*
July	juli	*yOOli*
August	augustus	*awCHustus*
September	september	*september*
October	oktober	*oktober*
November	november	*november*
December	december	*deysember*
Spring	lente	*lenteh*
Summer	zomer	*zohmer*
Autumn	herfst	*herfst*
Winter	winter	*vinter*
Christmas	Kerstmis	*kerstmiss*
Christmas Eve	Kerstnacht	*kerstnaCHt*
Good Friday	Goede Vrijdag	*CHoodeh freydaCH*
Easter	Pasen	*pahseh*
New Year	Nieuwjaar	*neewyahr*
New Year's Eve	Oudejaarsavond	*owdehyahrsahfont*

NUMBERS

0 nul *nool*
1 een *eyn*
2 twee *tvey*
3 drie *dree*
4 vier *feer*

5 vijf *feyf*
6 zes *zess*
7 zeven *zeyveh*
8 acht *aCHt*
9 negen *neyCHeh*

10 tien *teen*
11 elf *elf*
12 twaalf *tvahlf*
13 dertien *derteen*
14 veertien *feyrteen*
15 vijftien *feyfteen*
16 zestien *zessteen*
17 zeventien *zeyvehteen*
18 achttien *aCHteen*
19 negentien *neyCHenteen*
20 twintig *tvintiCH*
21 eenentwintig *eynentvintiCH*
22 tweeëntwintig *tveyentvintiCH*
30 dertig *dertiCH*
40 veertig *feyrtiCH*
50 vijftig *feyftiCH*
60 zestig *zesstiCH*
70 zeventig *zeyventiCH*
80 tachtig *taCHtiCH*
90 negentig *neyCHentiCH*
100 honderd *hondert*
110 honderd tien *hondert-teen*
200 tweehonderd *tvey hondert*
1000 duizend *dowzend*
1,000,000 een miljoen *eyn milyoon*

TIME

today	vandaag	*fandahCH*
yesterday	gisteren	*CHistereh*
tomorrow	morgen	*morCHeh*
the day before yesterday	eergisteren	*eyrCHistereh*
the day after tomorrow	overmorgen	*overmorCHeh*
this week	deze week	*deyzeh veyk*
last week	vorige week	*foriCHeh veyk*
next week	volgende week	*folCHendeh veyk*
this morning	vanmorgen	*fanmorCHeh*
this afternoon	vanmiddag	*fanmiddaCH*
this evening	vanavond	*fanahfont*
tonight	vanavond	*fanahfont*
yesterday afternoon	gistermiddag	*CHistermiddaCH*
last night	gisteravond	*CHisterahfont*
tomorrow morning	morgenochtend	*morCHeh-oCHtent*
tomorrow night	morgenavond	*morCHeh-ahfont*
in three days	over drie dagen	*ofer dree dahCHeh*
three days ago	drie dagen geleden	*dree dahCHeh CHeleydeh*
late	laat	*laht*
early	vroeg	*frooCH*
soon	gauw	*CHow*
later on	later	*lahteh*
at the moment	op het moment	*op et moment*
second	een seconde	*sekondeh*
minute	een minuut	*minOOt*
ten minutes	tien minuten	*teen minOOteh*
quarter of an hour	een kwartier	*kvarteer*

15

half an hour	een half uur	*hulf OOr*
three quarters of an hour	drie kwartier	*dree kvarteer*
hour	een uur	*OOr*
day	een dag	*daCH*
week	een week	*veyk*
fortnight, two weeks	twee weken	*tvey veykeh*
month	een maand	*mahnt*
year	een jaar	*yahr*

TELLING THE TIME

Telling the time has some similarities with English, minutes past the hour being *over* and minutes before being *voor*. Thus 6.10 is *tien over zes* (literally 'ten beyond six') and 5.50 is *tien voor zes* ('ten before six'). The half is different, being related to the following hour rather than the previous one: 5.30 is *half zes* (literally 'half six' meaning 'half *before* six').

You will also hear people refer to the time in relation to the half hour. 5.20 can be either *twintig over vijf* ('twenty past five') or *tien voor half zes* ('ten to half past five'). Similarly, 5.40 can be either *twintig voor zes* ('twenty to six') or *tien over half zes* ('ten past half past five'). The quarter hour is always *kwart voor ...* ('quarter to ...') or *kwart over ...* ('quarter past ...'). The twenty-four hour clock is used in all public transport timetables.

one o'clock	een uur	*eyn OOr*
ten past one	tien over een	*teen ofer eyn*
quarter past one	kwart over een	*kvahrt ofer eyn*
twenty past one	twintig over een	*tvintiCH ofer eyn*
half past one	half twee	*hulf tvey*
twenty to two	twintig voor twee	*tvintiCH foor tvey*
quarter to two	kwart voor twee	*kvahrt foor tvey*

ten to two	tien voor twee	*teen foor tvey*
two o'clock	twee uur	*tvey OOr*
13.00 (1 pm)	dertien uur	*derteen OOr*
16.30 (4.30 pm)	zestien uur dertig	*zessteen OOr dertiCH*
20.10 (8.10 pm)	twintig uur tien	*tvintiCH OOr teen*
at half past five	om half zes	*om hulf zess*
at seven o'clock	om zeven uur	*om zeeyveh OOr*
noon	twaalf uur 's middags	*tvahlf OOr smiddaCHs*
midnight	middernacht	*middernaCHt*

HOTELS

Dutch hotels follow the 5-star classification common throughout most of Europe. They are obliged to display prices in each room and may give reduced prices at weekends or for stays of more than five days. The displayed price is normally for the room only and breakfast or other meals are charged on an individual basis.

The National Tourist Organisation, V.V.V., or Vereniging Voor Vreemdelingenverkeer (pronounced fey, fey, fey) offers a comprehensive information service. Most towns have a local V.V.V. office giving help and advice on everything from places of interest to restaurants, shops and entertainment. They have a full listing of hotels and motels in the area, together with guest houses and bed-and-breakfast accommodation. They will also help with bookings if required. There are always English speakers present.

USEFUL WORDS AND PHRASES

balcony	het balkon	*balkon*
bathroom	de badkamer	*batkahmeh*
bed	het bed	*bet*
bedroom	de slaapkamer	*slahpkahmeh*
bill	de rekening	*rekening*
breakfast	het ontbijt	*ontbeyt*
dining room	de eetkamer	*eytkahmeh*
dinner	het diner	*deeney*
double room	de tweepersoonskamer	*tveypersohnskahmeh*
foyer	de foyer	*foyey*
full board	volpension	*follpenshon*
half board	halfpension	*hulfpenshon*
hotel	het hotel	*hotel*
key	de sleutel	*slurrtel*
lift, elevator	de lift	*lift*
lounge	de conversatiezaal	*konversasiesahl*

lunch	de lunch	*loonsh*
manager	de manager/chef	*manager/shef*
reception	de receptie	*resepsie*
receptionist *(fem)*	de receptioniste	*resepshonisteh*
(masc)	de receptionist	*resepshonist*
restaurant	het restaurant	*restorant*
room	de kamer	*kahmeh*
room service	de roomservice	*roomservees*
shower	de douche	*doosh*
single room	de eenpersoonskamer	*eynpersohnskahmeh*
toilet	het toilet	*tvalet*
twin room	een kamer met twee	*kahmeh met tvey*
	eenpersoonsbedden	*eynpersohnsbeddeh*

Have you any vacancies?
Hebt u een kamer vrij?
hept OO en kahmeh frey

I have a reservation
Ik heb een kamer besproken
ick hep en kahmeh besprohkeh

I'd like a single room
Ik wil graag een eenpersoonskamer
ick vill CHraCH en eynpersohnskahmeh

We'd like a double room
Wij willen graag een tweepersoonskamer
vey villeh CHraCH en tveypersohnskahmeh

Do you have a twin room?
Hebt u een kamer met twee eenpersoonsbedden?
hept OO en kahmeh met tvey eynpersohnsbeddeh

I'd like a room with a bathroom/balcony
Ik wil graag een kamer met bad/balkon
ick vill CHraCH en kahmeh met bat/balkon

I'd like a room for one night/three nights
Ik wil graag een kamer voor een nacht/drie nachten
ick vill CHraCH en kahmeh foor eyn naCHt/dree naCHteh

What is the charge per night?
Hoeveel is het per nacht?
hooveyl iss et per naCHt

I don't know yet how long I'll stay
Ik weet nog niet hoelang ik blijf
ick vate noCH neet hoolang ick bleyf

REPLIES YOU MAY BE GIVEN

Alle tweepersoonskamers zijn bezet
We have no double rooms left

Het spijt me, we zitten vol
I'm sorry, we're full

Verlaat uw kamer alstublieft om...
Please vacate the room by...

Wilt u alstublieft vooruit betalen
Please pay in advance

When is breakfast/dinner?
Hoe laat is het ontbijt/diner?
hoe laht iss et ontbeyt/deeney

Would you have my luggage brought up?
Wilt u mijn bagage naar boven laten brengen?
vilt OO meyn baCHage nahr bohfeh lahteh brengeh

Please call me at ... o'clock
Roep me alstublieft om ... uur
roop mey alstOObleeft om ... OOr

Can I have breakfast in my room?
Kan ik in mijn kamer ontbijten?
kan ick in meyn kahmeh ontbeyteh

I'll be back at ... o'clock
Ik ben om ... uur terug
ick ben om ... OOr terruCH

My room number is...
Mijn kamernummer is...
meyn kahmehnoomer is

I'm leaving tomorrow
Ik vertrek morgen
ik fer-treck morCHeh

May I have my bill please?
Kan ik afrekenen, alstublieft?
kan ick afreykeneh, alstOObleeft

Can you get me a taxi?
Kunt u voor mij een taxi bestellen?
kuhnt OO foor mey en taxi bestelleh

THINGS YOU'LL SEE OR HEAR

bad	bath
bagage	luggage
balkon	balcony
begane grond	ground floor
BTW	VAT
diner	dinner
douche	shower
duwen	push
eenpersoonskamer	single room
eetzaal, eetkamer	dining room
halfpension	half board
kamer	room
kamer met twee eenpersoonsbedden	twin room
kamers vrij	vacancies
kinderen	children
lift	lift, elevator
logies met ontbijt	bed and breakfast
nacht	night
nooduitgang	emergency exit
ontbijt	breakfast
overnachting	overnight stay
receptie	reception
rekening	bill
reservering	reservation
toeslag	supplement
trekken	pull
tweepersoonskamer	double room
verdieping	storey, floor
vol, volgeboekt	no vacancies
volpension	full board

CAMPING AND CARAVANNING

The Netherlands have an exceptionally large number of well-equipped campsites, most of which are open from May until September, while in some tourist and sports areas you will find sites open all the year round. Camping on private ground away from official campsites requires permission from both the landowner and the local authority.

In addition there are numerous youth hostels throughout the country.

USEFUL WORDS AND PHRASES

bucket	de emmer	*emmeh*
campfire	het kampvuur	*kampfOOr*
campsite	het kampeerterrein	*kampeyr-terreyn*
to go camping	gaan kamperen	*CHahn kampeyreh*
caravan, R.V.	de caravan	*karafan*
caravan site	de camping	*kamping*
cooking utensils	het keukengerei	*kookenCHerey*
drinking water	het drinkwater	*drinkvahteh*
ground sheet	het grondzeil	*CHrondzeyl*
guy rope	de stormlijn	*stormleyn*
to hitch-hike	liften	*lifteh*
rope	het touw	*touw*
rubbish	het afval	*af-fal*
rucksack	de rugzak	*ruCHsack*
saucepans	de steelpannen	*steylpanneh*
sleeping bag	de slaapzak	*slahpsack*
tent	de tent	*tent*
youth hostel	de jeugdherberg	*yuCHtherberCH*

Can I camp here?
Kan ik hier kamperen?
kan ick here kampeyreh

CAMPING AND CARAVANNING

Can we park the caravan (trailer) here?
Kunnen we de caravan hier neerzetten?
kuneh vey de karafan here neyrsetteh

Where is the nearest campsite/caravan site?
Waar is het dichtstbijzijnde kampeerterrein/camping?
vahr iss et diCHtsbeyzeynde kampeyr-terreyn/kamping

What is the charge per night?
Hoeveel is het per nacht?
hooveyl iss et per naCHt

What facilities are there?
Wat voor faciliteiten zijn er hier?
vatt foor faciliteyten zeyn er here

Can I light a fire here?
Kan ik hier een vuur maken?
Kan ick here en fOOr mahkeh

Where can I get...?
Waar kan ik ... krijgen?
vahr kan ick ... kreyCHeh

Is there drinking water here?
Is er hier drinkwater?
iss er here drinkvahteh

THINGS YOU'LL SEE OR HEAR

aanhangwagen	trailer
brand	fire
camping	campsite
caravan	caravan, trailer (R.V.)
deken	blanket
douche	shower
drinkwater	drinking water
gebruik	use
jeugdherberg	youth hostel
jeugdherbergbeheerder	youth hostel warden
kampeerterrein	campsite
keuken	kitchen
lenen	to lend, borrow
licht	light
open vuur	open fire
slaapzaal	dormitory
slaapzak	sleeping bag
tarief	charges
tentpaal	tent pole
tentpen, haring	tent peg
toegangsbewijs	pass
toilet, w.c.	toilet
verhuurtarief	hire charge

MOTORING

Drive on the right, overtake on the left. On dual lane highways you may remain in the left-hand lane if there is dense traffic on your right, but when columns have formed in both lanes you are allowed to drive faster in the right-hand lane. If you happen to be in the left-hand lane you may move to the right only in order to turn off, stop, or follow directional arrows.

Traffic coming from the right has priority at crossroads and junctions wherever there is no priority sign or traffic light, unless entering the main road from a car park, service station, private road, path or forest track. Your right of way is signalled by a yellow diamond or the more familiar arrow inside a red triangle. The former gives you priority for some distance ahead while the latter is for the next intersection only. An inverted red triangle or an octagonal STOP sign denotes that you must give way. In built-up areas a speed limit of 50 km/h (31 mph) is shown by a red-bordered circular sign with the number 50 in black. A similar black and white sign with black diagonal stripes signals the end of the speed limit. Outside built-up areas, the general speed limit is 80 km/h (50 mph), except on motorways where the speedlimit is 100 km/h (62 mph). Heavier vehicles — trucks or lorries, buses, cars towing caravans or trailers — are restricted to 80 km/h (50 mph) on all roads and motorways.

All motorists entering Holland by car from abroad should have a "green card" certificate of insurance.

SOME COMMON ROAD SIGNS

alleen toegang tot belendend perceel	entry to adjacent site only
eenrichtingsverkeer	one-way street
einde auto(snel)weg	end of motorway
fietspad	cycle path

geen doorgaande weg	no through road
geen maximumsnelheid	no speed limit
gesloten voor alle verkeer	closed to all traffic
gevaarlijke bocht	dangerous curve
gevaarlijke wegkruising	dangerous junction
ijzel	black ice
inhalen verboden	overtaking prohibited
langzaam rijden	drive slowly
let op bord "Niet Parkeren"	please observe the "No Parking Sign"
maximum snelheid	top/maximum speed
niet parkeren	no parking
niet stoppen	no waiting
oneffen wegdek	uneven road surface
oversteekplaats voor fietsers	cycle track crossing
parkeerterrein	car park
slecht wegdek	bad road
spoorwegovergang	level crossing
steile helling	steep gradient
tegemoetkomend verkeer heeft voorrang	oncoming traffic has right of way
tweerichtingsverkeer	two-way traffic
uit	exit
vallend gesteente	falling rock
verboden in te halen	no overtaking
verboden te stoppen	no stopping
verkeersomleiding	diversion
voetgangersgebied	pedestrian precinct
voor Utrecht richting Haarlem volgen	traffic for Haarlem follow signs for Utrecht
voorzichtig! trambaan	caution! tramway
vorstschade	frost damage
wegkruising	junction
wegvernauwing	road narrows
werk in uitvoering	roadworks

USEFUL WORDS AND PHRASES

boot	de kofferruimte	*koffer-rowmteh*
brake	de rem	*remm*
breakdown	motorpech	*motorpeCH*
car	de auto	*owtoh*
caravan	de caravan	*karafan*
clutch	de koppeling	*koppeling*
crossroads	de kruising	*krowsing*
to drive	rijden	*reydeh*
engine	de motor	*motohr*
exhaust	de uitlaat	*owtlaht*
fanbelt	de ventilatorriem	*fentilatorreem*
garage	de garage	*CHarage*
gasoline	de benzine	*benseeneh*
gear	de versnelling	*fersnelling*
gearbox	de versnellingsbak	*fersnellingsbak*
gears	de versnellingen	*fersneellingen*
junction	het kruispunt	*krowspoont*
(motorway)	de wegkruising	*veCHkrowsing*
licence	het rijbewijs	*reybiveys*
lights *(head)*	de koplampen	*koplampeh*
(rear)	de achterlichten	*aCHterliCHteh*
lorry	de vrachtwagen	*fraCHtvahCHeh*
mirror	de spiegel	*speeCHel*
motorbike	de motor	*motoh*
motorway	de autosnelweg	*owtosnellveCH*
number plate	de nummerplaat	*noomer-plaht*
petrol	de benzine	*benseeneh*
petrol station	het benzinestation	*benseeneh-stashon*
road	de weg	*veCH*
skid	slippen	*slippeh*
spares	de reserveonder-delen	*reserveh-onder-deyleh*
speed	de snelheid	*snellheyt*
speed limit	de maximum snelheid	*maximum snellheyt*
speedometer	de snelheidsmeter	*snellheytssmeteh*

steering wheel	het stuur	*stOOr*
to tow (away)	wegslepen	*veCHsleypeh*
traffic lights	de verkeerslichten	*ferkeersliCHteh*
trailer	de aanhangwagen	*ahnhangvahCHeh*
trailer (R.V.)	de caravan	*karafan*
truck	de vrachtwagen	*fraCHtvaCHeh*
trunk	de kofferruimte	*koffer-rowmteh*
tyre, tire	de band	*bant*
van	de bestelwagen	*bestelvahCHeh*
wheel	het wiel	*veel*
windscreen/ shield	de voorruit	*foorowt*
windscreen wiper	de ruitewisser	*rowtehvisseh*

I need some fuel
Ik heb benzine nodig
ick hep benseeneh no-diCH

I need some oil
Ik heb wat olie nodig
ick hep vatt olee no-diCH

Fill her up please!
Volgooien, alstublieft!
follCHoyen, alstOObleeft

I'd like 10 litres of fuel
Tien liter benzine, alstublieft
teen leeter benseeneh, alstOObleeft

Would you check the tyres please?
Wilt u de banden controleren, alstublieft?
vilt OO deh bandeh kontroleyreh, alstOObleeft

29

Where is the nearest garage?
Waar is de dichtstbijzijnde garage?
vahr iss deh diCHtsbeyzeynde CHarage

How do I get to...?
Hoe kom ik in...?
hoo komm ick in

Is this the road to...?
Is dit de weg naar...?
iss dit deh veCH nahr

DIRECTIONS YOU MAY BE GIVEN

eerste straat rechts	first on the right
ga naar links	turn left
ga naar rechts	turn right
ga voorbij de...	go past the...
links	left
rechtdoor	straight on
rechts	right
tweede straat links	second on the left

Do you do repairs?
Voert u ook reparaties uit?
foort OO oke reparasies owt

Can you repair the clutch?
Kunt u de koppeling repareren?
kuhnt OO deh koppeling repareyreh

How long will it take?
Hoe lang gaat het duren?
hoo lang CHaht et dOOreh

There is something wrong with the engine
Er is iets mis met de motor
er iss eets miss met deh motoh

The engine is overheating
De motor raakt oververhit
deh motoh rahkt oferferhitt

The brakes are binding
De remmen blijven hangen
deh remmeh bleyfeh hangeh

I need a new tyre
Ik heb een nieuwe band nodig
ick hep en neeweh bant no-diCH

I'd like to hire a car
Ik wil graag een auto huren
ick vill CHraCH en owto hOOreh

Where can I park?
Waar kan ik parkeren?
vahr kan ick parkeyreh

Can I park here?
Kan ik hier parkeren?
kan ick here parkeyreh

THINGS YOU'LL SEE OR HEAR

afslag	exit
auto(snel)weg	motorway
banddruk	tyre/tire pressure
benzine	petrol, fuel
benzinepomp	petrol pump
benzinestation	fuel/petrol station
controleren	to check
file	tailback
kruipspoor	crawler lane
landweg	country road
luchtdruk	air pressure
normaal	2/3 star
olie	oil
oliepeil	oil level
omleiding	diversion
oneffen wegdek	uneven road surface
repareren	to repair
reservetank	spare tank
rijksweg	main road
rondweg	by-pass
ruitewisser	windscreen/shield wiper
super	4 star
verharde berm	hard shoulder
verkeersbericht	traffic report
verkeersopstopping	traffic jam
versnellen	to accelerate
voorruit	windscreen, windshield
wegkruising	motorway junction
zachte berm	soft verges

RAIL TRAVEL

The Dutch Railways (Nederlandse Spoorwegen) are generally clean, punctual and efficient. International trains connect Holland with most parts of Europe, while fast regular Inter-City and express trains link the main cities. Holland also has an extensive network of local train services connecting all but the smallest villages.

Unless you are making a single journey, it is worth enquiring about discount fares and tickets. These include the *dagkaart* or day ticket giving unrestricted travel within a zone during one day, and the *strippenkaart* or pre-paid ticket strip, where you use as many sections as necessary for your particular journey. There are special offers directed at most sections of the travelling public.

A supplement *(toeslag)* is payable for all journeys by the 'TEE', or Trans European Express. Trains classified as 'I' are Inter-City class, while a *stoptrein* is one that stops at most stations.

USEFUL WORDS AND PHRASES

booking office	het loket	*lockett*
buffet	de restauratiewagen	*restoraseevahCHeh*
carriage, car	het rijtuig	*reytowCH*
compartment	de coupé	*koopey*
connection	de aansluiting	*ahnslowting*
currency exchange rate	de wisselkoers	*visselkoors*
dining car	de restauratiewagen	*restoraseevahCHeh*
emergency cord	de noodrem	*nohtremm*
engine	de locomotief	*lokomoteef*
entrance	de ingang	*inCHang*
exit	de uitgang	*owtCHang*
first class	eerste klas	*eerstehklass*
to get in	instappen	*instappeh*
to get out	uitstappen	*owtstappeh*

guard	de conducteur	*kondukturr*
indicator board	het vertrekbord	*fertrekbord*
left luggage	het bagagedepot	*baCHage-depoh*
lost property	gevonden voorwerpen	*CHefondeh foorverpeh*
luggage locker	de bagagekluis	*baCHage klowse*
luggage rack	het bagagerek	*baCHagereck*
luggage trolley	de bagagekar	*baCHagekar*
luggage van	de bagagewagen	*baCHagevahCHeh*
platform	het perron	*perron*
rail	de rail	*rail*
railway	de spoorweg	*spohrveCH*
reserved seat	de gereserveerde	*CHereyserfeyrteh*
	plaats	*plahts*
restaurant car	de restauratiewagen	*restoraseevahCHeh*
return ticket	het retourkaartje	*reytoorkahrtyeh*
second class	tweede klas	*tveydeh klass*
single ticket	een enkele reis	*enkeleh reys*
sleeping car	de slaapwagen	*slahpvahCHeh*
station	het station	*stashon*
station master	de stationschef	*stashonssheff*
ticket	het plaatsbewijs	*plahtsbeveys*
ticket collector	de conducteur	*kondukturr*
timetable	de dienstregeling	*deenstreCHeling*
tracks	de spoorlijnen	*spohr!eyneh*
train	de trein	*treyn*
waiting room	de wachtkamer	*vachtkahmeh*
window	het raam	*rahm*

When does the train for ... leave?
Hoe laat vertrekt de trein naar...?
hoo laht fertrekt deh treyn nahr

When does the train from ... arrive?
Hoe laat komt de trein uit ... aan?
hoo laht komt de treyn owt ... ahn

When is the next/first/last train to...?
Hoe laat gaat de volgende/eerste/laatste trein naar...?
hoo laht CHat deh folCHendeh/eyrsteh/lahtsteh treyn nahr

What is the fare to...?
Hoeveel is het naar...?
hooveyl iss et nahr

Do I have to change?
Moet ik overstappen?
moot ick oferstappeh

Does the train stop at...?
Stopt de trein in...?
stopt deh treyn in

How long does it take to get from ... to...?
Hoe lang duurt het van ... naar...?
hoo lang dOOrt et fan ... nahr

A single/return ticket to ... please
Een enkele reis/retour naar ... alstublieft
en enkeleh reys/reytoor nahr ... alstOObleeft

Do I have to pay a supplement?
Moet ik een toeslag betalen?
moot ick en too-slaCH betahleh

I'd like to reserve a seat
Ik wil graag een zitplaats reserveren
ick vill CHraCH en sitplahts reserfeyreh

When does my connection leave...?
Hoe laat vertrekt mijn aansluiting naar...?
hoo laht fertrekt meyn ahnslowting nahr

35

REPLIES YOU MAY BE GIVEN

De volgende trein gaat om...
The next train is at...

Er is alleen plaats in de eerste klas
There are only first-class seats

U moet in ... overstappen
You have to change at...

U moet een toeslag betalen
You must pay a supplement

De trein heeft vertraging
The train is late

Is this the right train for...?
Is dit de trein naar...?
iss dit deh treyn nahr

Is this the right platform for the ... train?
Is dit het goede perron voor de trein naar...?
iss dit et CHoodeh perron foor deh treyn nahr

Which platform for the ... train?
Welk perron voor de trein naar...?
velk perron foor deh treyn nahr

Is the train late?
Heeft de trein vertraging?
heyft deh treyn fertraCHing

Could you help me with my luggage please?
Kunt u mij alstublieft met mijn bagage helpen?
kuhnt OO mey alstOObleeft met meyn baCHage helpeh

Is this a non-smoking compartment?
Is dit een niet-roker?
iss dit en neet roker

Is this seat free?
Is deze plaats vrij?
iss deyzeh plahts frey

This seat is taken
Deze plaats is bezet
deyzeh plahts iss bezet

I have reserved this seat
Ik heb deze plaats besproken
ick hep deyzeh plahts besprokeh

May I open/close the window?
Kan ik het raam openen/sluiten?
kan ick et rahm openeh/slowteh

When do we arrive in...?
Hoe laat komen we in ... aan?
hoo laht komeh veh in ... ahn

What station is this?
Welk station is dit?
velk stashon iss dit

Do we stop at...?
Stoppen we in...?
stoppeh veh in

37

Would you keep an eye on my things for a moment?
Wilt u mijn spullen even in de gaten houden?
vilt OO meyn sp<u>oo</u>leh <u>e</u>veh in de CH<u>a</u>teh h<u>o</u>wdeh

Is there a restaurant car on this train?
Is er een restauratiewagen in deze trein?
iss er en restor<u>a</u>seevahCHeh in d<u>ey</u>zeh tr<u>ey</u>n

---

THINGS YOU'LL SEE OR HEAR

aankomst	arrival
alleen op...	...days only
attentie	attention
automatiek	fast-food counter
bagagedepot	left luggage
bagagekluizen	luggage lockers
bezet	engaged
centraal station, C.S.	central station
de trein staat gereed op...	the train is about to depart from...
deuren sluiten	close the doors
dienstregeling	timetable
expres	express
exprestrein met toeslag	express train, with fare supplement
geen uitgang	no exit
gereserveerd	reserved
informatie	information
ingang	entry
instappen	to get in, to board
invalidevervoer	transport for invalids
kaartjes	tickets
kaartjesautomaat	ticket-machine

misbruik wordt gestrafd	penalty for misuse
niet-rokers	non-smokers
noodrem	emergency cord
op zon- en feestdagen	Sundays and holidays
perron	platform
plaatsbespreking	seat reservation
plaatsbewijzen	tickets
reis	journey
reisinformatie	travel information
restauratiewagen	restaurant car
rijtuig	carriage, car
route, traject	route
slaapwagen	sleeping car
spoorwegpolitie	railway police
stopt niet in...	does not stop in...
toeslag	(fare) supplement
toilet, w.c.	toilet
treinstell	train number
uitgang	exit
uitgezonderd op ...	...days excepted
uitstappen	to get out
vakantie	holidays
verboden te roken	no smoking
vertraging	delay
vertrek	departure
volgorde van de rijtuigen	order of cars
vrij	vacant
wachtkamer	waiting room
wisselkoers	currency exchange
zaterdagen	Saturdays

AIR TRAVEL

Air services connect Holland with all parts of the world; you can fly direct to Amsterdam, Rotterdam, Maastricht and Eindhoven from major cities in the UK, and there are plenty of direct flights from the USA. The Dutch national airline KLM (Koninklijke Luchtvaart Maatschappij, or Royal Dutch Airlines) has a subsidiary company, NLM, which operates a small domestic network.

USEFUL WORDS AND PHRASES

aircraft	het vliegtuig	*fleeCHtowCH*
air hostess	de stewardess	*stewardess*
airline	de luchtvaartlijn	*looCHtfahrtleyn*
airport	de luchthaven	*looCHthafeh*
airport bus	de airportbus	*airportbus*
aisle	de gang	*CHang*
arrival	de aankomst	*ahnkomst*
baggage claim	de bagageband	*baCHage-bant*
boarding card	de instapkaart	*instapkahrt*
check-in	check-in	*sheck-in*
check-in desk	de check-in balie	*sheck-in balee*
delay	de vertraging	*fertrahCHing*
departure	het vertrek	*fertreck*
departure lounge	de vertrekhal	*fertreckhal*
emergency exit	de nooduitgang	*nohtowtCHang*
flight	de vlucht	*flooCHt*
flight number	het vluchtnummer	*flooCHtnummer*
gate	de uitgang	*owtCHang*
jet	het straalvliegtuig	*strahlfleeCHtowCH*
to land	landen	*landeh*
passport	het paspoort	*paspohrt*
passport control	de paspoortcontrole	*paspohrtkontroleh*
pilot	de piloot	*peelote*
runway	de startbaan	*startbahn*

seat	de zitplaats	*sitplahts*
seat belt	de veiligheidsgordel	*veyliCHheydsCHordel*
steward	de steward	*stewart*
stewardess	de stewardess	*stewardess*
take off	opstijgen	*opsteyCHeh*
window	het raam	*rahm*
wing	de vleugel	*flooCHel*

When is there a flight to...?
Wanneer gaat er een vlucht naar...?
vahneer CHaht er en flooCHt nahr

What time does the flight to ... leave?
Hoe laat vertrekt de vlucht naar...?
hoo laht fertrekt deh flooCHt nahr

Is it a direct flight?
Is het een rechtstreekse vlucht?
iss et en reCHtstreykseh flooCHt

Do I have to change planes?
Moet ik overstappen?
moot ick oferstappeh

When do I have to check-in?
Wanneer moet ik in-checken?
vahneer moot ick in-shekeh

I'd like a single ticket to ... please
Ik wil graag een enkele vlucht naar ... alstublieft
ick vill CHraCH en enkeleh flooCHt nahr ... alstOObl

I'd like a return ticket to ... please
Ik wil graag een retourvlucht naar ... alstublieft
ick vill CHraCH en rehtoor flooCHt nahr ... al

42

AIR TRAVEL

I'd like a non-smoking seat please
Ik wil graag een niet-rokers plaats, alstublieft
ick vill CHraCH en neet-rokers plahts, alstOObleeft

I'd like a window seat please
Ik wil graag een plaats bij het raam, alstublieft
ick vill CHraCH en plahts bey et rahm, alstOObleeft

How long will the flight be delayed?
Hoe lang is de vlucht vertraagd?
hoo lang iss deh flooCHt fertrahCHt

Is this the right gate for the ... flight?
Is dit de juiste uitgang voor de vlucht naar...?
iss dit deh yowsteh owtCHang foor deh flooCHt nahr

When do we arrive in...?
Hoe laat komen we in ... aan?
hoo laht komeh veh in ... ahn

May I smoke now?
Mag ik nu roken?
maCH ick nOO ro-keh

I do not feel very well
Ik voel me niet erg goed
ick fool mey neet erCH CHoot

THINGS YOU'LL SEE OR HEAR

aankomst	arrival
bagage-afhaalpunt	baggage claim
bagagecontrole	baggage check
balie	check-in desk
check-in, aanmeldingspunt	check-in
gezagvoerder	captain
handbagage	hand luggage
hoogte	altitude
in-checken	to check in
informatie, inlichtingen	information
landen	to land
lijnvlucht	scheduled flight
niet roken	no smoking
niet-rokers	non-smokers
noodlanding	emergency landing
nooduitgang	emergency exit
onthoudt u van roken	refrain from smoking
paspoortcontrole	passport control
passagiers	passengers
plaatselijke tijd	local time
rechtstreekse vlucht	direct flight
rokers	smokers
startklaar	ready for take-off
trap	steps
tussenlanding	intermediate stop
uitgang	gate
veiligheidsgordels vastmaken	fasten seat belts
vertraging	delay
vertrek	departure
vliegtuig	aircraft
vlucht	flight
vluchtduur	flight time
vluchtsnelheid	flight speed

LOCAL TRANSPORT, BOATS

There is a good bus and tram (streetcar) network in all Dutch towns and cities. Single tickets can be bought from the driver, but it is usually cheaper to obtain a multi-journey ticket from the automatic ticket machine (often situated at main stops) or from a tobacconist, ticket office or post office. The ticket must be stamped when boarding. Zone systems operate in major cities, a flat fare applying in each zone and increasing in cost according to the number of zones crossed. Remember that you may change buses (or from bus to tram or tube train) without having to buy another ticket. Amsterdam and Rotterdam have an underground or subway network (Metro); they have the same fare structure as other urban public transport, and the Amsterdam underground serves the airport. There is also an extensive rural bus network covering all but the smallest villages.

A more leisurely way of travelling in Holland, especially during the summer months, is by barge or boat. There are many companies offering trips lasting from under an hour (round Amsterdam or Europoort) to a week or more on the Rhine.

USEFUL WORDS AND PHRASES

adult	de volwassene	*folvasseneh*
boat	de boot	*boht*
bus	de bus	*booss*
bus stop	de bushalte	*booss-hahlteh*
child	het kind	*kīnt*
coach	de touringcar	*tooringkahr*
conductor	de conducteur	*konduckturr*
connection	de aansluiting	*ahnslowting*
cruise	de cruise	*krooze*
downsteam	stroomafwaarts	*strohmafvahrts*
driver	de bestuurder	*bestOOrdeh*

fare	het tarief	*tahreef*
ferry	de veerboot	*feerboht*
lake	het meer	*meyr*
network map	de routekaart	*rootehkahrt*
number 5 bus	lijn nummer vijf	*leyn noomeh feyf*
passenger	de passagier	*passagheer*
port	de haven	*hahfen*
quay	de kade	*kahdeh*
river	de rivier	*rihfeer*
sea	de zee	*zey*
seat	de zitplaats	*sitplahts*
ship	het schip	*sCHip*
station	het station	*stashon*
terminus	het eindstation	*eyndstashon*
ticket	het plaatsbewijs	*plahtsbeveyss*
tram, streetcar	de tram	*trahm*
tram stop	de tramhalte	*trahmhahlt*
tube, subway	de metro	*meytro*
upstream	stroomopwaarts	*strohmopvahrts*

Where is the nearest underground station?
Waar is het dichtstbijzijnde metro-station?
vahr iss et diCHtsbeyzeyndeh meytro-stashon

Where is the bus station?
Waar is het busstation?
vahr iss et booss-stashon

Where is there a bus stop/tram stop?
Waar is er een bushalte/tramhalte?
vahr iss er en booss-halteh/trahmhalteh

Which buses go to...?
Welke bussen gaan naar...?
velkeh boosseh CHahn nahr

45

How often do the buses/trams to ... run?
Hoe vaak gaat er een bus/tram naar...?
hoo vahk CHaht er en booss/trahm nahr

Would you tell me when we get to...?
Kunt u het zeggen wanneer we in ... aankomen?
kuhnt OO et zeggeh vaneer veh in ... ahnkomeh

Do I have to get off yet?
Moet ik er hier uit?
moot ick er here owt

How do you get to ... from here?
Hoe kom je van hier naar...?
hoo komm ye fan here nahr

Is it very far?
Is het erg ver?
iss et erCh fer

I want to go to...
Ik wil naar ... toe
ick vill nahr ... too

Do you go near...?
Komt u in de buurt van...?
komt OO in de bOOrt fan

Where can I buy a ticket?
Waar kan ik een kaartje kopen?
vahr kan ick en kahrtyeh kopeh

Please open/close the window
Kunt u alstublieft het raam openen/sluiten
kuhnt OO alstOObleeft et rahm openeh/slowteh

Could you help me get a ticket?
Kunt u mij helpen een kaartje te kopen?
kuhnt OO mey helpeh en kahrtyeh teh kohpeh

When does the last bus leave?
Wanneer vertrekt de laatste bus?
vanneyr fertrekt deh lahtste booss

THINGS YOU'LL SEE OR HEAR

aankomst	arrival
abonnementskaart	season ticket
automaat	vending machine
bestuurder	driver
betalen	pay
bus/treinkaart	bus/train ticket
bushalte	stop
controleur	inspector
dagkaart	day ticket
eindstation	terminus
enkele reis	single journey
enkeltje	single
geen toegang	no entry
gehandicapten	handicapped people
geld inwerpen	insert coins
geld terug	returned coins
gepast geld	exact fare
halte	stop
ingang	entry
ingang aan de achterkant	entry at rear
ingang aan de voorkant	entry at front
inwerpen	insert
kaartje, plaatsbewijs	ticket
kaartjesautomaat	ticket machine

47

maandkaart	monthly season ticket
metro	underground, tube, subway
metrostation	underground station
misbruik	misuse
munten	coins
niet roken	no smoking
noodrem	emergency brake
nooduitgang	emergency exit
overstappen	to change
plaatselijk spoornet	local railway system
retour	return (ticket)
rondvaart door de haven	boat trip round the harbour
spoorlijn	track
staanplaatsen	standing room
stempelautomaat	stamping (franking) machine
tonen	show
uitgang	exit
vertrek	departure
volwassenen	adults
weekkaart	weekly ticket
zitplaatsen	seats

RESTAURANT

There is a wide selection of good-quality restaurants in Holland, to suit all tastes and price brackets. The most common types are traditional Dutch, Indonesian, French, Italian and Argentinian.

You can also eat in a cafeteria (but don't confuse this with the English variety!); it is a combined bar, cafe and restaurant with service provided at the counter or — for a little extra — at a table. There is usually a good variety of set menus at reasonable prices.

Another establishment whose name could be confusing to those used to the English interpretation is the café-bar. Like the cafeteria, it sells all kinds of food and drink, and is well worth trying if all you want is a quick snack. Full meals are often available.

USEFUL WORDS AND PHRASES

Here is a list of the basic words you'll need; you'll find an extremely comprehensive menu guide at the end of this section.

beer	het bier	*beer*
bill	de rekening	*reykening*
bottle	de fles	*fless*
bowl	de schaal	*sCHahl*
cake	het gebak	*CHebak*
chef	de chef-kok	*sheff-kok*
coffee	de koffie	*koffee*
cup	het kopje	*kop-ye*
fork	de vork	*fork*
glass	het glas	*CHlass*
knife	het mes	*mess*
menu	het menu	*men<u>OO</u>*
milk	de melk	*melk*
plate	het bord	*bort*
receipt	het recept	*resept*

sandwich	de boterham	*bohterham*
serviette	het servet	*serfett*
snack	het hapje	*hap-ye*
soup	de soep	*soup*
spoon	de lepel	*leypel*
sugar	de suiker	*sowker*
table	de tafel	*tahfell*
tea	de thee	*tey*
teaspoon	de theelepel	*teyleypel*
tip	de fooi	*foy*
waiter	de kelner	*kelner*
waitress	de kelnerin	*kelnerin*
water	het water	*vahteh*
wine	de wijn	*veyn*
wine list	de wijnkaart	*veynkahrt*

A table for 1/2 please
Een tafel voor een persoon/twee personen, alstublieft
en tahfell foor eyn persohn/tvey persohneh, alstOObleeft

Can we see the menu/wine list?
Kunnen we de kaart/de wijnkaart krijgen?
kuhneh vey deh kahrt/deh veynkahrt kreyCHeh

What would you recommend?
Wat bevellt u aan?
vaht behfehlt OO ahn

I'd like...
Ik wil graag...
ick vill CHraCH

Just a cup of coffee, please
Alleen een kopje koffie, alstublieft
alleyn en kop-ye koffee, alstOObleeft

Waiter!
Ober!
ober

Can we have the bill, please?
Kunnen we afrekenen, alstublieft?
kuhnen veh afreykeneh, alstOObleeft

I only want a snack
Ik wil alleen maar een hapje eten
ick vill alleyn mahr en hap-ye eyteh

Is there a set menu?
Hebt u een menu van de dag?
hept OO en menOO fan deh daCH

I didn't order this
Ik heb dit niet besteld
ick hep dit neet bestelt

May we have some more...?
Kunnen we nog wat...?
kuhneh veh noCH vatt

The meal was very good, thank you
De maaltijd was erg lekker, dank u
deh mahlteyt vass erCH lekker, dank OO

My compliments to the chef!
Mijn complimenten aan de chef!
meyn komplimenteh ahn deh sheff

MENU GUIDE

aalbessen	currants
aardappelen	potatoes
aardappelpuree	mashed potatoes
aardbeien	strawberries
abrikozenjam	apricot jam
abrikozenvlaai	apricot flan
advocaat	advocaat, egg flip
amandelen	almonds
ananas	pineapple
andijvie	endive
ansjovissen	anchovies
appelcompote	stewed apples
appelflap	apple turnover
appelmoes	apple sauce
appelpannekoek	pancake with apple
appelsap	applejuice
appelstroop	kind of treacle made with apples
appelstrudel	apple strudel
appeltaart (met slagroom)	applecake (with whipped cream)
Ardennerham	Ardenne ham
artisjok	artichoke
asperges	asparagus
aubergine	aubergine
augurken	gherkins
azijn	vinegar
baars	bass
bak- en braadvet	cooking fat
balkenbrij	white pudding
bami goreng	Indonesian fried noodle dish with meats and vegetables
banaan	banana
banketletter	roll of puff pastry with almond paste filling
basilicum	basil
bearnaise saus	sauce hollandaise with tarragon vinegar, chopped tarragon or chervil
becel®	margarine made from unsaturated vegetable oils

bediening	service
belegen kaas	mature cheese
beschuit	type of rusk
bessenjenever	blackcurrant liqueur
biefstuk	beef steak
biefstuk van de haas	fillet steak
biefstuk van de lende	rump steak, sirloin
bier van het vat	draught beer
bieslook	chives
bieten	beetroot
bitterballen	deep fried force-meat meatballs
blauw	rare
blinde vinken	rolled slice of veal stuffed with minced meat
bloedworst	black pudding
bloemkool	cauliflower
boerenjongens	brandy with raisins
boerenmeisjes	apricots in brandy
boerenkaas	farmhouse cheese
boerenkool	Scotch kale
boerenkoolstamppot met rookworst	mashed potatoes and Scotch kale with smoked sausage
boerenmetworst	coarse sausage
boerenomelet	omelette with ham and potatoes
bokking (gerookte)	red herring (smoked)
bokking (verse)	bloater
bonensla	bean salad
borrelnootjes	nuts eaten with drinks
bosbessen	bilberries
boterham met...	... sandwich
boterham met kaas	cheese sandwich
boterhamworst	sliced sausage to put on bread
boterletter	roll of puff pastry with almond paste filling
bouillon	consommé
brandewijn	brandy
brood	bread
broodje	roll
broodje kaas	cheese roll
bruine bonen	dried brown beans

MENU GUIDE

bruine bonensoep	brown bean soup
bruine suiker	brown sugar
casselerrib	pickled smoked rib of pork
cassis	blackcurrant cordial
champignon	mushroom
champignonsoep	mushroom soup
Chinese kool	Chinese cabbage
chips	crisps
chocolade vlokken	chocolate flakes
chocoladepasta	chocolate spread
chocoladevla	chocolate custard
chocomel	tinned or bottled chocolate drink
citroen	lemon
citroenthee	lemon tea
compote	stewed fruit
croquetje	croquette
dame blanche	ice cream with chocolate sauce
doorbakken, doorbraden	well done
doperwten	garden peas
droog	dry
druiven (blauwe)	grapes (black)
druiven (witte)	grapes (white)
Duitse biefstuk	minced beef and onion steaks served on onion rings
Edammer	Edam cheese
eieren	eggs
eierkoeken	flat round spongecakes
erwtensoep (met spek/worst)	pea soup (with bacon/sausage)
fazant	pheasant
fijngehakt	finely minced
forel	trout
frambozen	raspberries
frikandel	rissole
garnalencocktail	prawn cocktail
gebakje	small cake
gebakken	fried
gebakken aardappelen	fried potatoes
gebakken ei met spek	fried egg with bacon
gebakken kip	fried chicken
gebakken mosselen	fried mussels

gebakken paling	fried eel
gebakken spiering	fried smelt
gebonden	thickened
gebonden soep	thickened soup
gebraden	roast
gebraden eend	roast duck
gebraden fazant	roast pheasant
gebraden gehakt	roast meatloaf
gebraden konijn	roast rabbit
gedistilleerde dranken	spirits
gehakt	mince
gehaktbal	minced beef and pork rissole
gekookt	boiled
gekookte kip	boiled chicken
gekookte mosselen	boiled mussels
gekruid	seasoned with herbs or spices
gemarineerd	marinated
gemarineerd rundvlees	marinated beef
gember (poeder)	ginger (ground)
gemberkoek	gingerbread
gepocheerde eieren	poached eggs
gerecht	dish; course
gerookt	smoked
gerookte paling	smoked eel
gerookte zalm	smoked salmon
geroosterd	grilled
geroosterd brood	toast
gestampte muisjes	powdered aniseed eaten on bread
gestoofd	stewed
gestoofd konijn	stewed rabbit
gestoofde paling	stewed eel
gevulde koek	pastry with almond filling
gewelde boter	melted butter beaten with water
Goudse kaas	Gouda cheese
groene haring	lightly salted herring, first of the season
groene/rode paprika	green/red pepper
groenten	vegetables
groentesoep	vegetable soup
gulasch	goulash

haas	hare
hachée	finely chopped meat
hagelslag	hundreds and thousands
halfvolle melk	skimmed milk
halfvolle yoghurt	skimmed-milk yoghurt
halvarine	half butter-half margarine
ham	ham (smoked or salted)
hamlappen	belly of pork
haring	herring
haring met uitjes	herring with chopped onions
havermoutse pap	porridge made with milk
heilbot	halibut
hertevlees	venison
hete bliksem	potatoes and apples mashed together
hollandse biefstuk	thick slice of frying steak
hom	soft roe
honing	honey
honingkoek	type of gingerbread
hutspot (met klapstuk)	mashed potatoes with carrots, onions and breast or rib of beef
huzarensla	potato salad with beetroot, gherkin, salmon, sardines etc
ijs	ice cream
jachtschotel	shepherd's pie
janhagel	kind of biscuit
jenever	Dutch gin
jeneverbessen	juniper berries
jonge kaas	new cheese
jonge klare	young Dutch gin
kaas	cheese
kaassoesje	cheese puff
kabeljauw	cod
kadetje	soft roll
kalfslever	calf's liver
kalfsniertjes	calf's kidneys
kalfsoester	escalope of veal
kalfsschnitzel	veal schnitzel
kalfstong	calf's tongue
kalfsvlees	veal

kalkoen	turkey
karbonade	chop
karnemelk	buttermilk
karper	carp
kasserole	casserole
kastanjes	chestnuts
kastrol	casserole
kerriesoep	curry soup
kersen	cherries
kersenvlaai	cherry flan
kervilsoep	chervil soup
kikkerbilletjes	frogs' legs
kip	chicken
kip met kerriesaus en rijst	chicken with curry sauce and rice
kippesoep	chicken soup
knäckebröd	crispbread
knakworst	frankfurter
knoflook	garlic
koekjes	biscuits
koffie	coffee
koffieroom	creamy milk for coffee
koffietafel	cold buffet lunch (usually bread, cold meats and cheese)
kogelbiefstuk	thick end of rump
komijnekaas	cheese with cummin seeds
komkommer	cucumber
koninginnesoep	cream of chicken soup
kool	cabbage
koolraap	swede
korenwijn	high-quality, well-aged, mature gin
korst	crust
kotelet	cutlet
kreeft	lobster
kreeftesoep	lobster soup
krenten	currants
krentenbrood	currant loaf
kroepoek	prawn crackers
kropsla	cabbage lettuce
kruiden	herbs
kruidenboter	herb butter

kruisbessen	gooseberries
kuit	hard roe
kwark	soft white cheese
kwarktaart	cheesecake
kwast	lemon squash
lamskotelet	lamb cutlet, lamb chop
lamsragout	lamb stew
landwijn	simple wine, vin ordinaire
laurierblad	bayleaf
Leidse kaas	Leiden cheese (with cummin seeds)
lekkerbekjes	deep-fried whiting fillets in batter
leverworst	liver sausage
Limburgse vlaai	open fruit flan
limonade	lemonade
linzen	lentils
loempia	spring roll (Indonesian)
madera saus	brown sauce with Madeira
mager vlees	lean meat
magere kaas	skimmed-milk cheese
magere kwark	skimmed-milk soft chese
magere melk	skimmed milk
magere yoghurt	skimmed-milk yoghurt
makreel	mackerel
marsepein	marzipan
melk	milk
mierik	horseradish
moes	any puréed fruit
moesappelen	cooking apples
mosselen	mussels
mosselensoep	mussel soup
mosterd	mustard
munt	mint
nagerecht	dessert
nasi goreng	Indonesian fried rice dish with meats and vegetables
natriumarme kaas	low salt cheese
nieren	kidneys
nieuwe haring	salted herring
nootmuskaat	nutmeg
oesters	oysters

oliebol	doughnut
olijfolie	olive oil
olijven (groene)	olives (green)
olijven (zwarte)	olives (black)
omelet met champignons	mushroom omelette
omelet met ham	ham omelette
omelet met kaas	cheese omelette
ontbijtkoek	type of gingerbread
ontbijtspek	(lean, smoked) bacon
op zij	as a side dish
ossestaart	oxtail
ossestaartsoep	oxtail soup
ossetong	ox tongue
oude kaas	mature cheese
oude klare	matured Dutch gin
paarderookvlees	smoked horsemeat
paling	eel
palingworst	type of sausage
paneermeel	bread crumbs
pannekoek	pancake
pannekoek met jam	pancake with jam
pannekoek met stroop	pancake with syrup
pannekoek met suiker	pancake with sugar
paprijst	rice for milk puddings (short-grained rice)
pastei	vol-au-vent
pasteitje	small vol-au-vent
patates frites	chips, French fries
patrijs	partridge
peper	pepper
pepersaus	brown sauce with ground peppercorns
perenmoes	puréed pears
perziken	peaches
peterselie	parsley
piccalilly	pickles
pikant	piquant
pils	type of larger
pindakaas	peanut butter
plantaardige olie	vegetable oil
pocheren	to poach

poffertjes	tiny pancakes dusted with icing sugar and eaten with butter
pommes frites	French fries
pompelmoes	grapefruit
pompelmoessap	grapefruit juice
pompoen	pumpkin
port	port
prei	leek
preisoep	leek soup
pruimedant	type of prune
pruimen	plums
pruimenjam	plum jam
rabarber	rhubarb
radijs	radish
ree/reebok	roe/roebuck
reebout	leg of venison
reerug	saddle of venison
regenboogforel	rainbow trout
rijst	rice
rijstebrij	rice pudding
rijstevlaai	rice tart
rivierkreeft	crayfish
riviervis	fresh water fish
rode kersenjam	red cherry jam
rode kool	red cabbage
rode wijn	red wine
roerei	scrambled eggs
roggebrood	ryebread
rolmops	rollmops, marinated herring
rookvlees	smoked beef or horsemeat sliced very thin — to put on bread
rookworst	smoked sausage
room	cream
roomboter	dairy butter
roomijs	ice cream
roomijstaart	ice cream gateau
rosbief	roast beef
rozijnen	currants
rug van de haas	saddle of hare
runderlap	stewing steak

rundervlees	beef
Russisch ei	egg salad
salami met knoflook	salami with garlic
sambal	very hot chili chutney (Indonesian)
sardientjes (in het blik)	sardines (tinned)
saté	Indonesian kebab
saucijzenbroodje	sausage roll
saus	sauce
savooiekool	savoy cabbage
scharreleieren	free-range eggs
schartong	lemon sole
schelvis	haddock
schildpadsoep	turtle soup
schnitzel	veal cutlet
schol	plaice
schorseneren	salsify
schuimpje	meringue
sec	dry
selderij	celery
sinaasappel	orange
sinaasappelsap	orange juice
slaatje	salad
slagroom	whipped cream
slagroomtaart	whipped cream gateau
slakken	snails
slaolie	salad oil
slasaus	salad cream
slavinken	minced pork rolled in bacon
smeerkaas	cheese spread
snijbonen	string beans
snoekbaars	perch
soep Lady Curzon	turtle soup with cream and pinch of curry powder
soep van de dag	soup of the day
spa water	mineral water
specerijen	spices
speculaas	spiced biscuit
spek	bacon, usually rather fatty
spekpannekoek	pancake with bacon
sperziebonen	French beans

spiegelei	fried egg
spiering	smelt
spijskaart	menu
spinazie	spinach
spirituosa	spirits
spruiten, spruitjes	Brussels sprouts
stokbrood	French loaf
stokvis	stockfish
stoofperen	stewing pears
stroopwafel	waffle-type biscuit with syrup filling
suikerklontjes	sugar lumps
sukade	candied peel
taart	cake
tarwebrood	wheaten bread
tomatensoep (met gehaktballetjes)	tomato soup (with small meat balls)
tong	sole
tongrolletjes	rolled fillets of sole
tonijn	tuna
tosti	toastie, toasted sandwich
tuinbonen	broad beans
uien	onions
uiensoep	onion soup
uitgebreide koffietafel	buffet lunch with soup and dessert
uitsmijter	slice of bread topped with a slice of ham and fried egg
uitsmijter met kaas	slice of bread topped with a slice of cheese and fried egg
vanillevla	custard sauce
varkensbiefstuk	pork fillet
varkensfricandeau	pork fricandeau
varkenshaas	pork fillet
varkensoester	pork escalope
varkenspoot	leg of pork
varkensrib	pickled smoked rib of pork
varkensrollade	rib, tailend (rolled)
varkensvlees	pork
venkel	fennel
vermout	vermouth
verse haring	fresh herring

verse oesters	fresh oysters
verse worst	sausage
vet	fat
vis	fish
vissoep	fish soup
vleet	skate
vlierbessen	elderberries
volkorenbrood	wholemeal bread
volle melk	full-cream milk
voorgerecht	starter
voorn	roach
vruchten	fruit
vruchtensap	fruit juice
vruchtensla	fruit salad
wafel	waffle, wafer
walnoot	walnut
warme chocolademelk	hot chocolate milk
waterkers	watercress
wijn	wine
wijting	whiting
witte bonen	dried white beans
wittebrood	white bread
wittekool	white cabbage
witte wijn	white wine
wortel	carrot
zalm	salmon
zalmslaatje	salmon salad
zeelt	tench
zeepaling	sea-eel
zeetong	Dover sole
zilveruitjes	pickled silverskin onions
zoet	sweet
zoetwatervis	fresh-water fish
zoet-zuur	sweet-sour
zout	salt
zoute haring	salted herring
zoutjes	salty/savoury meatballs
zult	brawn
zure haring	pickled herring
zuurkool met spek (worst)	sauerkraut with bacon (with sausage)

zwarte bessen	blackcurrants
zwarte bessenjam	blackcurrant jam
zwarte kersenjam	black cherry jam
zwezerik	sweetbread

SHOPPING

Shops in Holland are generally open from 8.30 am to 5.30 pm, Monday to Friday, and from 8.30 am to 5.00 pm on Saturdays. Each town or district will have a half day, varying from locality to locality. Similarly, Thursdays or Fridays are late shopping days, with most shops open until 9.00 pm.

Prescription drugs are available only from pharmacies or *apotheek* shops, cosmetics and toiletries from *drogist* shops. Newspapers are sold by tobacconists *(sigarenwinkel)* or by magazine and book shops *(boek- en tijdschriftenhandel)*. Outside Amsterdam, international newspapers are normally available only at airports and main railway stations.

USEFUL WORDS AND PHRASES

audio equipment	het audio-apparatuur	*owdio-apparatOOr*
baker	de bakker	*bahkeh*
bookshop	de boekwinkel	*bookvinkel*
boutique	de boutique	*booteek*
butcher	de slager	*slaCHeh*
	de fleishcher	*fleysheh*
to buy	kopen	*kopeh*
cake shop	de banketbakker	*banketbackeh*
cheap	goedkoop	*CHoodkope*
chemist	de drogist	*droCHist*
department store	het warenhuis	*vahrehhouse*
fashion	de mode	*mo-deh*
fishmonger	de visverkoper	*fissferkopeh*
florist	de bloemist	*bloomist*
grocer	de kruidenier	*krowdeneer*
ironmonger	de ijzerwinkel	*eyzervinkel*
ladies' wear	dameskleding	*dahmeskleyding*

menswear	herenkleding	*heyrehkleyding*
newsagent	de boek- en	*book-en-*
	tijdschriftenwinkel	*teydsCHriftehvinkel*
off-licence,	de slijterij	*sleyterey*
liquor store		
pharmacy	de apotheek	*apotake*
receipt	de kassabon	*kassabon*
record shop	de platenwinkel	*plahtehvinkel*
sale	de uitverkoop	*owtferkope*
shoe shop	de schoenenwinkel	*sCHoonehvinkel*
shop	de winkel	*vinkel*
to go shopping	gaan winkelen	*CHahn vinkeleh*
souvenir shop	de souvenirswinkel	*soofeneersvinkel*
special offer	de speciale	*speshahleh*
	aanbieding	*ahnbeeding*
to spend	uitgeven	*owtCHeyveh*
stationer	de kantoorboekhandel	*kantohrbookhandel*
supermarket	de supermarkt	*sOOpermarkt*
tailor	de kleermaker	*kleyrmahkeh*
take away	meenemen	*meyneymeh*
till	de kassa	*kassah*
travel agent	het reisbureau	*reysbureau*
toyshop	de speelgoedwinkel	*speylCHoodvinkel*

I'd like...
Ik zou graag...
ick zou CHraCH

Do you have...?
Hebt u...?
hept OO

How much is this?
Hoeveel kost dit?
hooveyl kost dit

Do you have any more of these?
Hebt u er hier nog meer van?
hept OO er here noCH meyr fan

Have you anything cheaper?
Hebt u iets goedkopers?
hept OO eets CHoodkopers

Have you anything larger?
Hebt u iets groters?
hept OO eets CHroters

Have you anything smaller?
Hebt u iets kleiners?
hept OO eets kleyners

Does it come in other colours?
Hebt u het in andere kleuren?
hept OO et in andereh klooreh

Can I try it/them on?
Kan ik het/ze passen?
kan ick et/zeh passeh

Where do I pay?
Waar moet ik afrekenen?
vahr moot ick afreykeneh

Can I have a refund?
Kan ik mijn geld terugkrijgen?
kan ick meyn CHeld terruCh-kreyCHeh

Can I have a receipt?
Mag ik een kassabon hebben?
maCH ick en kassabon hebbeh

REPLIES YOU MAY BE GIVEN

Kan ik u helpen?
Can I help you?

Wilt u het aanpassen?
Would you like to try it on?

Dat hebben we helaas niet meer in vooraad
I'm sorry, we're out of stock

We kunnen u geen geld teruggeven
We cannot give cash refunds

Ik kan u een tegoedbon geven
I can give you a credit note

Dat is alles wat we hebben
That is all we have

Hebt u het niet kleiner?
Have you got anything smaller? (money)

Ik ben bang dat ik geen wisselgeld heb
Sorry, I've no change

Where is the ... department?
Waar is de ...-afdeling?
vahr iss deh ...-afdeyling

Could you wrap it for me?
Kunt u het voor mij inpakken?
kuhnt OO et foor mey inpakeh

Can I have a bag please?
Hebt u een tas voor me, alstublieft?
hept OO en tass foor mey, alstOObleeft

I'm just looking
Ik kijk alleen wat rond
ick keyk alleyn vatt rond

I'll come back later
Ik kom straks terug
ick kom straks terruCH

THINGS YOU'LL SEE OR HEAR

aanbetaling	deposit
aankoop	purchase
afdeling	department
artikelen	goods
artikelen worden niet geruild zonder kassabon	goods are not exchanged without a receipt
banketbakkerij	cake shop
boekwinkel	bookshop
bont	furs
bovenste verdieping	upper floor
cafetaria	snackbar
dameskleding	ladies' clothes
dozijn	dozen
goedkoop	inexpensive
hoge kwaliteit	high quality
kantoorartikelen	office supplies
koffie	coffee
kranten	newspapers
kwaliteit	quality
levensmiddelen	groceries

maandelijkse termijnen	monthly instalments
mode	fashion
pond	pound (500g)
prijs	price
reisbureau	travel agent
schoenen	shoes
slager	butcher
slagerij	butcher's shop
speciale aanbieding	special offer
speciale prijs	special price
speelgoed	toys
sterke drank	spirits
suikergoed	confectionery
supermarkt	supermarket
tabakswaren	tobacconist
tapijten	carpets
termijnen	instalments
thee	tea
tijdschriften	magazines
uitverkocht	sold out
uitverkoop	sale
verhuur	rental
warenhuis	department store
winteruitverkoop	winter sale
zelfbediening	self-service
zomeruitverkoop	summer sale

AT THE HAIRDRESSER

Dutch hairdressers are similar to those found in most European countries. It is advisable for both men and women to make an appointment, to avoid being kept waiting

USEFUL WORDS AND PHRASES

appointment	de afspraak	*afsprahk*
beard	de baard	*bahrt*
bleach	blonderen	*blondeyreh*
blond	blond	*blont*
brush	borstelen	*borstelleh*
comb	de kam	*kam*
conditioner	de haarversteviger	*hahrfersteyviCHeh*
curlers	de haarkrullers	*hahrkroollers*
curling tongs	de krultang	*kroolltang*
curly	krullend	*kroollent*
dark	donker	*donker*
fringe	de pony	*pony*
gel	de gel	*zhel*
hair	het haar	*hahr*
haircut	het kapsel	*kapsel*
hairdresser	de kapper	*kapper*
(woman)	de kapster	*kapster*
hairdryer	de haardroger	*hahrdrohCHeh*
(hood)	de haardroogkap	*hahrdrohCHkap*
highlights	coupe soleil	*koop soley*
long	lang	*lang*
moustache	de snor	*snor*
parting	de scheiding	*sCHeyding*
perm	het permanent	*permanent*
shampoo	de shampoo	*shampoo*
shave	scheren	*sCHeyreh*

shaving foam	het scheerschuim	*sCHeyrsCHowm*
short	kort	*kort*
styling mousse	de styling mousse	*styling mousse*
tint	vevven	*verveh*
wavy	golvend	*CHolvent*

I'd like to make an appointment
Ik wil graag een afspraak maken
ick vill CHraCH en afsprahk makeh

Just a trim please
Alleen bijknippen, alstublieft
alleyn bey-k-nippeh, alstOObleeft

Not too much off please
Haal er niet teveel af, alstublieft
hahl er neet tehfeyl aff, alstOObleeft

A bit more off here please
Kunt u er hier wat meer afhalen?
kuhnt OO er here vatt mehr affhahleh

I'd like a cut and blow-dry
Knippen en föhnen, alstublieft
k-nippeh en furneh, alstOObleeft

I'd like a perm
Ik wil graag een permanent
ick vill CHraCh en permanent

I'd like highlights
Ik wil graag een coupe soleil
ick vill CHraCH en koop soley

THINGS YOU'LL SEE OR HEAR

aan de voorkant	at the front
achter	at the back
achterin de nek	back of the neck
baard	beard
dameskapsalon	ladies' salon
droog	dry
föhnen	blow-dry
haarstudio	hairdressing studio
herenkapsalon	men's hairdresser
kapper	hairdresser
kapsalon	hairdressing salon
kapster *(female)*	hairdresser
knippen	cut
kort	short
korter	shorter
krullen	curls
lang	long
permanent	perm
pony	fringe
scheermes	razor blade
scheerzeep	shaving soap
scheiding	parting
scheren	shave
verven	tint
wassen	wash
wassen en watergolven	wash and set
watergolven	set
zijkant	side

SPORTS

Wherever you are in Holland, you will find no lack of sporting facilities. The many canals, lakes and rivers as well as the North Sea coast provide excellent opportunities for swimming, sailing, canoeing, fishing, sailboarding etc, while an extensive network of well-marked footpaths makes Holland an ideal country for walking. Cycling too is popular and bikes can be hired almost everywhere, including at many railway stations. There are many excellent tennis centres, while squash, volleyball and badminton are catered for in most places.

Holland is known throughout the world as a centre for ice-skating. Most of the larger towns have an ice-rink, often open the whole year round, while in winter every frozen canal or lake provides further opportunities to skate — particularly for speed skating contests. In very cold winters the Friesland *Elfstedentocht* might be organised; this is literally a "tour of eleven towns" on ice, a 125-mile skating marathon, and attracts thousands of competitors and spectators in the years that it is held.

USEFUL WORDS AND PHRASES

athletics	athletiek	*athleteek*
badminton	badminton	*batmīnton*
ball	de bal	*bahl*
beach	het strand	*strant*
bicycle	de fiets	*feets*
canoe	de kano	*kanoo*
deckchair	de dekstoel	*deckstool*
to dive	duiken	*dowkeh*
diving board	de duikplank	*dowkplahnk*
fishing	vissen	*fīsseh*
fishing rod	de vishengel	*fiss-hengel*
football	de voetbal	*footbal*
football match	de voetbalwedstrijd	*footbahlvetstreyd*
golf	golf	*CHolf*

golf course	de golfbaan	*CHolfbahn*
gymnastics	gymnastiek	*CHimnasteek*
ice-hockey	ijshockey	*eys-hockee*
ice rink	de kunstijsbaan	*kOOnsteysbahn*
jogging	joggen	*zhoggeh*
lake	het meer	*meer*
racket	het racket	*raket*
riding	paardrijden	*pahrdreydeh*
rowing boat	de roeiboot	*roheyboht*
to run	rennen	*renneh*
sailboard	de windsurfplank	*vintsurfplank*
sailing	zeilen	*zeyleh*
sand	het zand	*zant*
sea	de zee	*see*
to skate	schaatsen	*sCHahtseh*
skates	de schaatsen	*sCHahtseh*
sledge	de sle	*sley*
snorkel	de snorkel	*shnorkel*
snow	de sneeuw	*sneyoo*
stadium	het stadion	*stadion*
to swim	zwemmen	*zvemmeh*
swimming pool	het zwembad	*zvembat*
tennis	tennis	*tennis*
tennis court	de tennisbaan	*tennisbahn*
tennis racket	het tennisracket	*tennisraket*
tent	de tent	*tent*
volleyball	volleybal	*folleybahl*
walking	wandelen	*vandeleh*
water skis	waterskiën	*vahterskieh*
wave	de golf	*CHolf*
winter sports	de wintersport	*vintersport*
yacht	het jacht	*yaCHt*

How do I get to the beach?
Hoe kom ik bij het strand?
hoo kom ick bey et strant

How deep is the water here?
Hoe diep is het water hier?
hoo deep iss et vahteh here

Is there an indoor/outdoor pool here?
Is er hier een binnenbad/buitenbad?
iss er here en binnehbat/bowtehbat

Is it safe to swim here?
Is het veilig om hier te zwemmen?
iss et feyliCH om here teh zvemmeh

Can I fish here?
Mag ik hier vissen?
maCH ick here fisseh

Do I need a licence?
Heb ik een vergunning nodig?
heb ick en ferCHoonning no-diCH

I would like to hire a bike
Ik wil graag een fiets huren
ick vill CHraCH en feets hOOreh

How much does it cost per hour/day?
Hoeveel kost het per uur/dag?
hooveyl kost et per OOr/daCH

Is camping allowed here?
Is kamperen hier toegestaan?
iss kampereh here tooCHestahn

Where can I hire...?
Waar kan ik ... huren?
vahr kan ick ... hOOreh

THINGS YOU'LL SEE OR HEAR

binnenbad	indoor swimming pool
bootverhuur	boat hire
buitenbad	open-air swimming pool
dooi	thaw
duiken	to dive, diving
E.H.B.O.	first-aid
fietser	cyclist
fietspad	cycle path
fietsverhuur	bicycle hire
gevaar	danger
gevaarlijke stroming	dangerous current
ijsbaan	ice rink
natuurreservaat	nature reserve
niet op het ijs komen	keep off the ice
recreatiegebied	recreational area
roeien	to row, rowing
ruiterpad	bridle path
sneeuwbank	snowdrift
sneeuwstorm	blizzard
sneeuwval	snowfall
verboden te vissen	no fishing
voetgangers	pedestrians
wandelen	to walk, walking
windsurfen	windsurfing
zeilen	to sail, sailing
zwembad	swimming pool

POST OFFICE

Post offices are open from 9.00 am until 5.00 pm Monday to Friday, 9.00 am to 12.00 midday on Saturdays. Different sections of the counter handle different types of business, making it necessary to identify the right section in advance for the business you wish to transact. There is usually at least one person with a knowledge of English in most post offices and therefore few difficulties should be encountered. Letterboxes in Holland are red.

USEFUL WORDS AND PHRASES

airmail	de luchtpost	*looCHtposst*
collection	de lichting	*lĭCHting*
counter	het loket	*loket*
customs form	het douaneformulier	*doo-anehformOOleer*
delivery	de bestelling	*bestelling*
deposit	de storting	*storting*
form	het formulier	*formOOleer*
letter	de brief	*breef*
letterbox	de brievenbus	*breevehbOOss*
mail	de post	*posst*
main post office	het hoofdpostkantoor	*hohftposst kantohr*
money order	de postwissel	*posstvissel*
package	het pak	*pahk*
parcel	het pakket	*pahkett*
post	de post	*posst*
postage rates	de posttarieven	*posst-tareefeh*
postal order	het postbewijs	*posstbehveys*
postcard	de briefkaart	*breefkahrt*
postcode	de postcode	*posstcode*
poste-restante	poste-restante	*posst restant*
postman	de postbode	*posstbohd*

post office	het postkantoor	*posstkantohr*
registered letter	de aangetekende brief	*ahnCHeteykendeh breef*
savings	het spaargeld	*spahrCHelt*
stamp	de postzegel	*posstzeyCHel*
telegram	het telegram	*teleCHram*
telephone	de telefoon	*telephone*
telephone box	de telefooncel	*telephone-cell*
withdrawal	de geldopname	*CHeltopnahmeh*

How much is a letter to...?
Hoeveel moet er op een brief naar...?
hooveyl moot er op en breef nahr

What stamps do I need for a postcard to...?
Hoeveel moet er op een briefkaart naar...?
hooveyl moot er op en breefkahrt nahr

I would like three 70 cents stamps
Drie postzegels van 70 cent, alstublieft
dree posstzeyCHels fan zeyventiCH cent, alstOObleeft

I want to register this letter
Ik wil deze brief aangetekend sturen
ick vill deyze breef ahnCHteykent stOOreh

I want to send this parcel to...
Ik wil dit pakket naar ... sturen
ick vill dit pahkett nahr ... stOOreh

How long does the post to ... take?
Hoe lang doet de post erover naar...?
hoo lang doot de posst erover nahr

Where can I post this?
Waar kan ik dit posten?
vahr kan ick dit possteh

I want to make an international call
Ik wil naar het buitenland bellen
ick vill nahr et bowtenlant belleh

Is there any mail for me?
Is er post voor mij?
iss er posst foor mey

I'd like to send a telegram
Ik wil een telegram versturen
ick vill en teleCHram ferstOOreh

This is to go airmail
Dit moet per luchtpost
dit moot per looCHtposst

THINGS YOU'LL SEE OR HEAR

aangetekende post	registered mail
adres	address
afzender	sender
beambte	official
binnenlands tarief	inland postage rate
brief	letter
briefkaart	postcard
geadresseerde	addressee
geopend	open
gesloten	closed
huisnummer	number *(of house)*
invullen	to fill in
loket	counter
loket voor pakketafgifte	parcel counter
luchtpost	air mail
openingstijden	opening hours
pakket	parcel
pakket, pak	packet, package
postkantoor	post office
postwissel	money order
postzegel	stamp
postzegels in kleine hoeveelheden	stamps in small quantities
rechtstreeks bellen	direct dialling
stortingen	deposits
straat	street
tarieven buitenland	overseas postage rates
telefoon	telephone
telefooncel	telephone box
telegrammen	telegrams
volgende lichting	next collection
woonplaats	domicile

TELEPHONE

Telephone boxes in Holland are painted green, and are of two types depending on the value of the coins that can be inserted. These values are: 25ct, 1 guilder, 2.5 guilders. Phone numbers are read out in pairs of numbers, i.e. 302106 is said "dertig, een en twintig, nul zes" (thirty, twenty one, zero six). Many call boxes will have instructions on how to use the phone in English, and all will carry a list of emergency numbers (which vary from area to area).

The code for the UK is 0944, and for the USA it is 091; remember that the tones you'll hear on Dutch phones differ slightly from those at home:

Dialling tone : same as in UK or USA.

Ringing tone : repeated long tone.

Engaged tone : rapid pips; in addition, on busy multi-line switchboards such as directory enquiries or rail enquiries, you'll hear a recorded voice saying "er zijn vier/drie/twee wachtenden voor u". This means there are four/three/two callers waiting before you.

Unobtainable : continuous tone.

USEFUL WORDS AND PHRASES

call	het telefoongesprek	*telephoneCHespreck*
to call	bellen	*belleh*
code	het netnummer	*netnummeh*
to dial	draaien	*dryeh*
dialling tone	de kiestoon	*keestone*
emergency	spoedgeval	*spootCHefal*
engaged	bezet	*besett*

82

enquiries	inlichtingen	*inliCHtingeh*
extension	het toestel	*toostell*
international call	het internationale telefoongesprek	*internashonahleh telephone-CHespreck*
number	het nummer	*noomeh*
operator	de telefoniste	*telefone-ist*
pay-phone	de telefooncel	*telephonecell*
push-button phone	de druktoetstelefoon	*drOOktootstelephone*
receiver	de hoorn	*hohrn*
reverse charge call	het b.o. gesprek	*bey-o-CHespreck*
ringing tone	de oproeptoon	*oprooptone*
telephone	de telefoon	*telephone*
telephone box	de telefooncel	*telephone-cell*
telephone directory	de telefoongids	*telephoneCHids*
wrong number	verkeerd nummer	*ferkeyrt noomeh*

Where is the nearest phone box?
Waar is de dichtstbijzijnde telefooncel?
vahr iss deh diCHtsbeyzeyndeh telephone-cell

Is there a telephone directory?
Is er een telefoongids?
iss er en telephoneCHids

I would like the directory for...
Ik zou graag de telefoongids voor ... willen hebben
ick zow CHraCH deh telephoneCHids foor ... villeh hebbeh

Can I call abroad from here?
Kan ik hiervandaan naar het buitenland bellen?
kan ick heerfandahn nahr et bowtelant belleh

How much is a call to...?
Hoeveel kost een gesprek naar...?
hooveyl kosst en CHespreck nahr

I would like to reverse the charges
Ik wil graag een b.o. gresprek voeren
ick vill CHraCH en bey-o-CHespreck fooreh

I would like a number in...
Ik wil graag een nummer hebben in...
ick vill CHraCh en noomeh hebbeh in

Hello, this is ... speaking
Hallo, u spreekt met...
hallo, OO spreykt met

Is that...?
Is dat...?
iss dat

Speaking
Daar spreekt u mee
dahr spreykt OO mey

I would like to speak to...
Kan ik ... spreken?
kan ick ... spreykeh

Extension ... please
Toestel ... alstublieft
toostell ... alstOObleeft

Please tell him ... called.
Vertel hem alstublieft dat ... heeft gebeld.
fertel hem alstOObleeft dat ... heyft CHebelt

Ask him to call me back please
Vraag hem of hij mij terug kan bellen, alstublieft
fraCH hem of hey mey terruCH kan belleh, alstOObleeft

My number is...
Mijn nummer is...
meyn noomeh iss

Do you know where he is?
Weet u waar hij is?
veyt OO vahr hey iss

When will he be back?
Wanneer komt hij terug?
vanneyr komt hey terruCH

Could you leave him a message?
Kunt u een boodschap voor hem achterlaten?
kuhnt OO en bohdsCHap foor hem aCHterlahteh

I'll ring back later
Ik bel straks wel terug
ick bell straks vell terruCH

Sorry, wrong number
Sorry, verkeerd verbonden
sorry, ferkeyrt ferbondeh

REPLIES YOU MAY BE GIVEN

Daar spreekt u mee.
Speaking.

Het spijt me, hij is er niet
Sorry, he's not in.

Met wie spreek ik?
Who's calling

Kan hij u terugbellen?
Can he call you back?

Met wie wilt u spreken?
Who do you want to speak to?

U bent verkeerd verbonden.
You've got the wrong number.

Hij is om ... terug.
He'll be back at...

THINGS YOU'LL SEE OR HEAR

bezet	engaged
brand	fire
brandweer	fire brigade
defect	out of order
draaien	dial
gesprek	call, conversation
gouden gids	yellow pages
haak	hook
hoorn	receiver, handset
in het buitenland	abroad
interlokaal gesprek	long-distance call
inwerpen	insert
kiesschijf	the dial
kiestoon	dialling tone
lokaal gesprek	local call
maak het kort	be brief!
munt, geldstuk	coin(s)
netnummer	dialling code
opnemen	lift (the receiver)
storingsdienst	faults service
tarief	charges
telefoniste	operator
telefoon	telephone
telefoonboek	telephone directory
telefooncel	telephone box
telefoonnummer	number
tik	unit
toestel	extension
wachten	wait

HEALTH

Unless visiting Holland from another EEC country, you are advised to take out full medical insurance to cover the costs of possible treatment. Visitors from the UK should apply to their local DHSS office, some three or four weeks before they make their trip, for a form E111 which can be produced to doctors, dentists or hospitals in Holland as evidence of the reciprocal agreement on medical treament existing between the two countries. Form E111 will not exempt you from paying the costs of medicine or treament, but in certain cases you may obtain reimbursement on your return to the UK. The DHSS will advise you at the time of application.

USEFUL WORDS AND PHRASES

accident	het ongeluk	*onCHelOOk*
ambulance	de ziekenwagen	*seekehvahCHeh*
anaemia	de bloedarmoede	*blootarmoodeh*
ankle	de enkel	*enkel*
antibiotic	het antibioticum	*antibiotikum*
appendicitis	de blindedarm-ontsteking	*blindehdarm-ontsteyking*
appendix	de blindedarm	*blindehdarm*
arm	de arm	*arm*
aspirin	de aspirine	*aspireen*
asthma	de astma	*astmah*
back	de rug	*rOOCH*
backache	de rugpijn	*rOOCHpeyn*
bandage	het verband	*ferbant*
bite	de beet	*bate*
bladder	de blaas	*blahss*
bleed	bloeden	*bloodeh*
blister	de blaar	*blahr*
blood	het bloed	*blooy*
blood donor	de bloeddonor	*blootdonoh*

88

burn	de brandwond	*brantvont*
cancer	de kanker	*kanker*
chemist	de drogisterij	*droCHisterey*
chest	de borst	*borst*
chickenpox	de waterpokken	*vahterpokkeh*
cold	de verkoudheid	*ferkowdheyt*
concussion	de hersenschudding	*hersensCHoodding*
constipation	de verstopping	*ferstopping*
contact lenses	de contactlenzen	*kontaktlenseh*
corn	de likdoorn	*likdorn*
cough	de hoest	*hoost*
cut	de snijwond	*sneyvont*
dentist	de tandarts	*tandarts*
diabetes	de suikerziekte	*sowkerzeekteh*
diarrhoea	de diarree	*deearray*
dizzy	duizelig	*dowzeliCH*
doctor	de dokter	*dockteh*
ear	het oor	*or*
earache	de oorpijn	*orpeyn*
elbow	de elleboog	*ellebohCH*
eye	het oog	*ohCH*
face	het gezicht	*CHesiCHt*
fever	de koorts	*kohrts*
filling	de vulling	*foolling*
finger	de vinger	*fingeh*
first aid	eerste hulp	*eyrsteh-hOOlp*
flu	de griep	*CHreep*
foot	de voet	*foot*
fracture	de breuk	*brurrk*
German measles	de rodehond	*rohdehhont*
glasses	de bril	*brill*
haemorrhage	de bloeding	*blooding*
hand	de hand	*hant*
hayfever	de hooikoorts	*hoykohrts*
head	het hoofd	*hohft*
headache	de hoofdpijn	*hohftpeyn*
heart	het hart	*hart*

heart attack	de hartaanval	*hartahnfal*
heel	de hiel	*heel*
hip	de heup	*hoop*
hospital	het ziekenhuis	*seekehhouse*
ill	ziek	*seek*
indigestion	de indigestie	*indiCHesteh*
inflammation	de ontsteking	*ontsteyking*
injection	de injectie	*inyektsee*
injury	de verwonding	*fervonding*
to itch	jeuken	*yookeh*
jaw	de kaak	*kahk*
kidney	de nier	*neer*
leg	het been	*bane*
lump	de bult	*bOOlt*
lung	de long	*long*
measles	de mazelen	*mahzeleh*
migraine	de migraine	*miCHrahneh*
mouth	de mond	*mont*
mumps	de bof	*boff*
nausea	de misselijkheid	*misslikheyt*
neck	de nek	*nek*
nose	de neus	*nurrs*
nurse	de verpleegster	*ferpleyCHster*
ointment	de zalf	*salf*
operation	de operatie	*operasee*
optician	de opticien	*optissien*
pain	de pijn	*peyn*
painkiller	de pijnstiller	*peynstilleh*
penicillin	de penicilline	*pennysileeneh*
pharmacy	de apotheek	*apotake*
pill	de pil	*pill*
plaster (sticky)	de pleister	*pleysteh*
plaster of Paris	het gips	*CHips*
pneumonia	de longontsteking	*longontsteyking*
pregnant	zwanger	*svanger*
prescription	het recept	*resept*
rash	de huiduitslag	*howtoutslaCH*

rheumatism	de reuma	*roomah*
scald	de brandwond	*brantvont*
scratch	de schram	*sCHram*
shoulder	de schouder	*sCHowdeh*
sling	de mitella	*mitella*
smallpox	de pokken	*pockeh*
sore	de pijnlijke plek	*peynleykeh plek*
sore throat	de zere keel	*zeyreh keyl*
splinter	de splinter	*splinteh*
sprain	de verstuiking	*ferstowking*
sting	de steek	*stake*
stomach	de maag	*maCH*
tablet	de tablet	*tablet*
temperature	de temperatuur	*temperatOOr*
throat	de keel	*keyl*
thumb	de duim	*dowm*
toe	de teen	*tane*
tonsils	de amandelen	*amandeleh*
tooth	de tand	*tant*
toothache	de kiespijn	*keesspeyn*
travel-sick	reisziek	*rice-seek*
ulcer	de zweer	*sveyr*
vaccination	de inenting	*inenting*
to vomit	overgeven	*oferCHeyveh*
whooping cough	de kinkhoest	*kinkhoost*
wound	de wond	*vont*

I have a pain in...
Ik heb pijn in...
ick hep peyn in

I do not feel well
Ik voel me niet goed
ick fool meh neet CHoot

I feel faint
Ik voel me flauw
ick fool meh flouw

I feel sick
Ik voel me misselijk
ick fool meh misseleyk

I feel dizzy
Ik voel me duizelig
ick fool meh dowseliCH

It hurts here
Het doet hier zeer
et doot here seyr

It's a sharp pain
Het is een stekende pijn
et iss en steykendeh peyn

It's a dull pain
Het is een flauwe pijn
et iss en flouweh peyn

It hurts all the time
Het doet voortdurend zeer
et doot foortdOOrent seer

It only hurts now and then
Het doet alleen af en toe pijn
et doot alleyn aff en too peyn

It hurts when you touch it
Het doet zeer wanneer u het aanraakt
et doot seer vanneyr OO et ahnrahkt

It hurts more at night
's Nachts doet het meer pijn
snaCHts doot et meyr peyn

It stings
Het steekt
et steykt

It aches
Het doet zeer
et doot seyr

I need a prescription for...
Ik moet een recept hebben voor...
ick moot en resept hebbeh foor

I normally take...
Normaal gebruik ik...
normahl CHebrowk ick

I'm allergic to...
Ik ben allergisch voor...
ick ben allerCHish foor

Have you got anything for...?
Hebt u iets tegen...?
hept OO eets teyCHeh

Do I need a prescription for...?
Moet ik een recept hebben voor...?
moot ick en resept hebbeh foor

REPLIES YOU MAY BE GIVEN

Neem telkens ... tabletten
Take ... tablets at a time

Met water/voorkauwen
With water/for chewing

Een/twee/drie maal per dag
Once/twice/three times a day

Alleen voor het slapen gaan
Only when you go to bed

's Morgens voor het ontbijt
First thing in the morning

Wat voor medicijnen gebruikt u gewoonlijk?
What medicines do you usually take?

U moet een afspraak met de dokter maken
I think you should see a doctor

Het spijt me, dat hebben we niet
I'm sorry, we don't have that

U moet daar een doktersrecept voor hebben
For that you need a prescription

Dat is hier niet verkrijgbaar
You can't get that here

THINGS YOU'LL SEE OR HEAR

afspraak	appointment
ambulance	ambulance
behandeling	treament
dienstdoend apotheker/doktor	duty chemist/doctor
dokter	doctor
EHBO	first aid
gynaecoloog	gynaecologist
intensive care afdeling	intensive care unit
keel, neus en oor	ear, nose and throat
kinderarts	paediatrician
noodgeval	emergency
opticien	optician
orthopedist	orthopaedist
particuliere patient	private patient
polikliniek	out-patients clinic
recept	prescription
specialist	specialist
spreekuur	surgery
tandarts	dentist
volgende patient	next, please!
voorschrijven	to prescribe
wachtkamer	wating room
ziekenwagen	ambulance

CONVERSION TABLES

DISTANCES

Distances are marked in kilometres. To convert kilometres to miles, divide the km. by 8 and multiply by 5 (one km. being five-eighths of a mile). Convert miles to km. by dividing the miles by 5 and multiplying by 8. A mile is 1609m. (1.609km.).

km.	miles or km.	miles
1.61	1	0.62
3.22	2	1.24
4.83	3	1.86
6.44	4	2.48
8.05	5	3.11
9.66	6	3.73
11.27	7	4.35
12.88	8	4.97
14.49	9	5.59
16.10	10	6.21
32.20	20	12.43
48.28	30	18.64
64.37	40	24.85
80.47	50	31.07
160.93	100	62.14
321.90	200	124.30
804.70	500	310.70
1609.34	1000	621.37

Other units of length:

1 centimetre = 0.39 in.	1 inch = 25.4 millimetres
1 metre = 39.37 in.	1 foot = 0.30 metre (30 cm.)
10 metres = 32.81 ft.	1 yard = 0.91 metre

WEIGHTS

The unit you will come into most contact with is the kilogram (kilo), equivalent to 2 lb 3 oz. To convert kg. to lbs., multiply by 2 and add one-tenth of the result (thus, 6 kg x 2 = 12 + 1.2, or 13.2 lbs). One ounce is about 28 grams, and 1 lb is 454 g. One UK hundredweight is almost 51 kg; one USA cwt is 45 kg. One UK ton is 1016 kg (USA ton = 907 kg).

grams	ounces	ounces	grams
50	1.76	1	28.3
100	3.53	2	56.7
250	8.81	4	113.4
500	17.63	8	226.8

kg.	lbs. or kg.	lbs.
0.45	1	2.20
0.91	2	4.41
1.36	3	6.61
1.81	4	8.82
2.27	5	11.02
2.72	6	13.23
3.17	7	15.43
3.63	8	17.64
4.08	9	19.84
4.53	10	22.04
9.07	20	44.09
11.34	25	55.11
22.68	50	110.23
45.36	100	220.46

CONVERSION TABLES

LIQUIDS

Motorists from the UK will be used to seeing petrol priced per litre (and may even know that one litre is about $1\frac{3}{4}$ pints). One 'imperial' gallon is roughly $4\frac{1}{2}$ litres, but USA drivers must remember that the American gallon is only 3.8 litres (1 litre = 1.06 US quart). In the following table, imperial gallons are used:

litres	gals. *or* l.	gals.
4.54	1	0.22
9.10	2	0.44
13.64	3	0.66
18.18	4	0.88
22.73	5	1.10
27.27	6	1.32
31.82	7	1.54
36.37	8	1.76
40.91	9	1.98
45.46	10	2.20
90.92	20	4.40
136.38	30	6.60
181.84	40	8.80
227.30	50	11.00

TYRE PRESSURES

lb/sq.in.	15	18	20	22	24
kg/sq.cm.	1.1	1.3	1.4	1.5	1.7

lb/sq.in.	26	28	30	33	35
kg/sq.cm.	1.8	2.0	2.1	2.3	2.5

AREA

The average tourist isn't all that likely to need metric area conversions, but with more 'holiday home' plots being bought overseas nowadays it might be useful to know that 1 square metre = 10.8 square feet, and that the main unit of land area measurement is a hectare (which is $2\frac{1}{2}$ acres). The hectare is 10,000 sq.m. – for convenience, visualise something roughly 100 metres or yards square. To convert hectares to acres, divide by 2 and multiply by 5 (and vice-versa).

hectares	acres or ha.	acres
0.4	**1**	2.5
2.0	**5**	12.4
4.1	**10**	24.7
20.2	**50**	123.6
40.5	**100**	247.1

TEMPERATURE

To convert centigrade or Celsius degrees into Fahrenheit, the accurate method is to multiply the °C figure by 1.8 and add 32. Similarly, to convert °F to °C, subtract 32 from the °F figure and divide by 1.8. This will give you a truly accurate conversion, but takes a little time in mental arithmetic! See the table below. If all you want is some idea of how hot it is forecast to be in the sun, simply double the °C figure and add 30; the °F result will be overstated by a degree or two when the answer is in the 60-80°F range, while 90°F should be 86°F.

°C	°F	°C	°F	
-10	14	25	77	
0	32	30	86	
5	41	36.9	98.4	body temperature
10	50	40	104	
20	68	100	212	boiling point

CLOTHING SIZES

Slight variations in sizes, let alone European equivalents of UK/USA sizes, will be found everywhere so be sure to check before you buy. The following tables are approximate:

Women's dresses and suits

UK	10	12	14	16	18	20
Europe	**36**	**38**	**40**	**42**	**44**	**46**
USA	8	10	12	14	16	18

Men's suits and coats

UK/USA	36	38	40	42	44	46
Europe	**46**	**48**	**50**	**52**	**54**	**56**

Women's shoes

UK	4	5	6	7	8
Europe	**37**	**38**	**39**	**41**	**42**
USA	$5\frac{1}{2}$	$6\frac{1}{2}$	$7\frac{1}{2}$	$8\frac{1}{2}$	$9\frac{1}{2}$

Men's shoes

UK/USA	7	8	9	10	11
Europe	**41**	**42**	**43**	**44**	**45**

Men's shirts

UK/USA	14	$14\frac{1}{2}$	15	$15\frac{1}{2}$	16	$16\frac{1}{2}$	17
Europe	**36**	**37**	**38**	**39**	**41**	**42**	**43**

Women's sweaters

UK/USA	32	34	36	38	40
Europe	**36**	**38**	**40**	**42**	**44**

Waist and chest measurements

Inches	28	30	32	34	36	38	40	42	44	46
Cms	71	76	80	87	91	97	102	107	112	117

MINI-DICTIONARY

about: about 16 ongeveer zestien
accelerator het gaspedaal
accident het ongeluk
accommodation het onderdak
ache de pijn
adaptor *(electrical)* de verdeelstekker
address het adres
adhesive het plakmiddel
adhesive tape het plakband
after na
after-shave de after-shave
again weer
against tegen
air de lucht
air-conditioning de air-conditioning
aircraft het vliegtuig
air freshener de luchtverfrisser
air hostess de stewardess
airline de luchtvaartlijn
airport de luchthaven
alcohol de alcohol
all alle
  that's all dat is alles
almost bijna
alone alleen
already al
always altijd
am: I am ik ben
ambulance de ambulance, de ziekenwagen
America Amerika
American *(man)* de Amerikaan
  (woman) de Amerikaanse
  (adj) Amerikaans
and en
ankle de enkel
anorak de anorak

another: I'd like another room ik wil een andere kamer
  another beer please nog een pilsje alstublieft
anti-freeze de anti-vries
antique shop de antiekwinkel
antiseptic *(adj)* antiseptisch
apartment het apartement
aperitif het aperitief
appendicitis de blindedarmontsteking
appetite trek
apple de appel
application form het aanvraagformulier
appointment de afspraak
apricot de abrikoos
are: you are *(sing. familiar)* jij bent
  (sing. polite) u bent
  (plural familiar) jullie zijn
  (plural polite) u bent
  we are wij zijn
  they are zij zijn
arm de arm
art de kunst
art gallery het museum
artist de artiest
as: as soon as possible zo snel mogelijk
ashtray de asbak
asleep: he's asleep hij slaapt
aspirin de aspirine
at: at the post office op het postkantoor
  at night 's avonds
  at 3 o'clock om 3 uur
attractive aantrekkelijk
aunt de tante

Australia Australië
Australian *(man)* de Australiër
(woman) de Australische
(adj) Australisch
Austria Oostenrijk
Austrian *(man)* de Oostenrijker
(woman) de Oostenrijks
(adj) Oostenrijks
automatic automatisch
away: is it far away? is het ver
weg?
go away! ga weg!
awful afschuwelijk
axe de bijl
axle de as

baby de baby
back *(not front)* de achterkant
(of body) de rug
bacon het spek
bacon and eggs eieren met
spek
bad slecht
bait het aas
bake bakken
baker de bakker
balcony het balkon
ball *(for playing)* de bal
(dance) het bal
ball-point pen de balpen
banana de banaan
band *(musicians)* de band
bandage het verband
bank de bank
banknote het bankbiljet
bar de bar
bar of chocolate
de reep chocolade
barbecue de barbecue
barber de kapper

bargain het koopje
basement de kelder
basin *(bowl)* de schaal
(sink) de wastafel
basket de mand
bath het bad
to have a bath een bad nemen
bath salts het badzout
bathing cap de badmuts
bathroom de badkamer
battery de batterij
(car) de accu
beach het strand
beans de bonen
beard de baard
because omdat
bed het bed
bed linen het linnengoed
bedroom de slaapkamer
beef het rundvlees
beer het bier
before voor
beginner de beginneling
behind achter
beige beige
Belgian *(man)* de Belg
(woman) de Belgische
(adj) Belgisch
Belgium België
bell *(church)* de klok
(door) de deurbel
below onder
belt de riem
Benelux Benelux
beside naast
best best
better beter
between tussen
bicycle de fiets
big groot
bikini de bikini
bill de rekening

bin liner/bin bag de vuilniszak
bird de vogel
birthday de verjaardag
  Happy Birthday! hartelijk
  gefeliciteerd!
birthday card
  de verjaardagskaart
biscuit het biscuitje
bite *(verb)* bijten
  (noun) de beet
bitter bitter
black zwart
blackberry de braambes
blackcurrant de zwarte bes
blanket de deken
bleach *(verb)* bleken
  (noun) het bleekmiddel
blind *(cannot see)* blind
  (on window) het zonnescherm
blister de blaar
blood het bloed
blouse het blouse
blue blauw
boat het schip
  (smaller) de boot
body het lichaam
  (corpse) het lijk
boil *(water)* koken
  (med) de steenpuist
bolt *(verb)* grendelen
  (on door) de grendel
bone het bot
  (fish) de graat
bonnet *(car)* de motorkap
book *(noun)* het boek
  (verb) boeken
booking office *(railway station)*
  het loket
  (theatre etc) het bespreekbureau
bookshop de boekwinkel
boot *(car)* de kofferbak
  (footwear) de laars

border de grens
boring saai
born: I was born in... ik ben in
  ... geboren
both: both of them beide
  both of us wij beide
  both ... and... zowel ... als...
bottle de fles
bottle-opener de flesopener
bottom de bodem
bowl de schaal
box de doos
  (of wood) de kist
boy de jongen
boyfriend de vriend
bra de b.h. *(pron: beha)*
bracelet de armband
braces de bretels
brake *(noun)* de rem
  (verb) remmen
brandy de cognac
bread het brood
breakdown *(car)* motorpech
  (nervous) de zenuwinzinking
breakfast het ontbijt
breathe ademhalen
bridge de brug
briefcase de aktentas
British Brits
brochure de brochure
broken gebroken
  (doesn't work) kapot
brooch de broche
brother de broer
brown bruin
bruise de blauwe plek
brush *(noun)* de borstel
  (verb) borstelen
bucket de emmer
building het gebouw
bumper de bumper
burglar de inbreker

burn *(skin)* verbranden
(noun) de brandwond
bus de bus
business de zaak
   it's none of your business het
   gaat je niets aan
busker de straatmuzikant
bus station het busstation
busy *(occupied)* bezig
   (street) druk
but maar
butcher de slager
butter de boter
button de knoop
buy kopen
by: by the window bij het raam
   by Friday tegen vrijdag
   by myself alleen

cabbage de kool
café het café
cagoule de regenmantel
cake de taart
   (small) het gebakje
cake shop de banketwinkel
calculator het rekenmachine
call: what's it called? hoe heet
   het?
camera de camera
campsite het kampeerterrein
camshaft de nokkenas
can *(tin)* het blik
   can I have...? kan ik
   ... hebben?
   I can't see ik kan niet zien
   can you...? kunt u...?
Canada Canada
Canadian *(man)* de Canadees
   (woman) de Canadese
   (adj) Canadees

canal het kanaal
   (in town) de gracht
cancer kanker
candle de kaars
canoe de kano
cap de pet
car de auto
caravan de caravan
carburettor de caburateur
card de kaart
cardigan het vest
careful voorzichtig
   be careful! wees voorzichtig!
carpet het tapijt
carriage *(train)* het rijtuig
carrots de wortels
carry-cot de reiswieg
case de koffer
cash contant
   (change) het kleingeld
   to pay cash contant betalen
cassette de cassette
cassette player de cassettespeler
cassette-recorder de cassette-
   recorder
castle het kasteel
cat de kat
cathedral de kathedraal
cauliflower de bloemkool
cave de grot
cemetery de begraafplaats
centre het centrum
certificate het certificaat
chair de stoel
chambermaid het kamermeisje
chamber music de kamermuziek
change *(noun: money)* het
   kleingeld
   (verb) wisselen
   (verb: clothes) zich omkleden
Channel het Kanaal
cheap goedkoop

cheers! proost!
cheese de kaas
chemist *(shop)* de drogisterij
cheque de cheque
cheque book het chequeboek
cheque card de bankkaart
cherry de kers
chess schaken
chest de borstkas
chewing gum het kauwgum
chicken de kip
child het kind
children de kinderen
china het porselein
China China
Chinese *(man)* de Chinees
  (woman) de Chinese
  (adj) Chinees
chips de patates frites
chocolate de chocolade
  box of chocolates de doos
  chocolade
  (assortment) de doos bonbons
  bar of chocolate de
  chocoladereep
chop *(food)* de kotelet
  (to cut) fijn hakken
Christian name de voornaam
church de kerk
cigar de sigaar
cigarette de sigaret
cinema de bioscoop
city de stad
city centre het stadscentrum
class de klas
classical music klassieke muziek
clean schoon
clear duidelijk
  is that clear? is dat duidelijk?
clever slim
clock de klok
clog de klomp

close *(near)* dichtbij
  (weather) benauwd
close *(verb)* sluiten
  the shop is closed de winkel
  is gesloten
clothes de kleren
club *(sports)* de vereniging
  (cards) klaveren
clutch de koppeling
coach de bus
  (of train) het rijtuig
coach station het busstation
coat de jas
coathanger de kleerhanger
cockroach de kakkerlak
coffee de koffie
coin de munt, het geldstuk
cold *(illness)* de verkoudheid
  (adj) koud
collar de kraag
collection *(stamps etc)* de
  verzameling
colour de kleur
colour film de kleurenfilm
comb *(noun)* de kam
  (verb) kammen
come komen
  I come from... ik kom uit...
  we came last week wij zijn er
  sinds vorige week
communication cord de
  noodrem
compact disc de compact-disc
compartment de coupé
complicated ingewikkeld
concert het concert
conditioner *(hair)* de
  crèmespoeling
conductor de conducteur
  (orchestra) de dirigent
congratulations! gefeliciteerd!
constipation de verstopping

consulate het consulaat
contact lenses de contactlenzen
contraceptive het
     voorbehoedsmiddel
cook *(noun)* de kok
     (verb) koken
cooking utensils de
     keukenbenodigdheden
cool koel
cork de kurk
corkscrew de kurketrekker
corner de hoek
corridor de gang
cosmetics de cosmetica
cost *(verb)* kosten
     what does it cost? hoeveel
     kost het?
cotton het katoen
cotton wool de watten
cough *(verb)* hoesten
     (noun) de hoest
council de raad
country *(state)* het land
     (countryside) het platteland
cousin *(male)* de neef
     (female) de nicht
crab de krab
cramp de kramp
crayfish de rivierkreeft
cream *(for cake etc)* de slagroom
     (lotion) de crème
credit card de kredietkaart
crew de bemanning
crisps de chips
crowded druk
cruise de cruise
crutches de krukken
cry *(weep)* huilen
     (shout) roepen
cucumber de komkommer
cufflinks de manchetknopen
cup de kop, het kopje

curlers de krullers
curls de krullen
curry de kerrie
curtain het gordijn
cut *(noun)* de snijwond
     (verb) snijden

dad pa
dairy *(factory)* de melkfabriek
damp vochtig
Dane *(man)* de Deen
     (woman) de Deense
dangerous gevaarlijk
Danish Deens
dark donker
daughter de dochter
day de dag
dead dood
deaf doof
dear *(expensive)* duur
deckchair de dekstoel
deep diep
deliberately opzettelijk
Denmark Denemarken
dentist de tandarts
dentures het kunstgebit
deny: I deny it ik ontken het
deodorant de deodorant
department store het warenhuis
departure het vertrek
develop ontwikkelen
diamonds de diamanten
diarrhoea de diarree
diary de agenda
     (personal experiences) het dagboek
dictionary het woordenboek
die sterven
diesel diesel
different verschillend
     that's different dat is anders

I'd like a different... ik heb graag een andere...
difficult moeilijk
dining car de restauratiewagen
dining room de eetkamer, de eetzaal
directory *(telephone)* de telefoongids
dirty vuil
disabled *(person)* de gehandicapte *(adj)* gehandicapt
distributor *(car)* de stroomverdeler
dive duiken
diving board de duikplank
do doen
doctor de dokter *(GP)* de huisarts
document het document
dog de hond
doll de pop
dollar de dollar
door de deur
double room de tweepersoonskamer
doughnut de doughnut, de oliebol
down naar beneden *(position)* onder
drawing pin de punaise
dress de jurk
drink *(verb)* drinken
    would you like a drink? wilt u iets drinken?
drinking water het drinkwater
drive *(verb: car)* rijden
driver de bestuurder
driving licence het rijbewijs
drunk dronken
dry droog
dry cleaner de stomerij
dummy de fopspeen

during tijdens
dustbin de vuilnisbak
duster de stofdoek
Dutch Hollands, Nederlands *(language)* Nederlands
Dutchman de Hollander, de Nederlander
Dutchwoman de Hollandse vrouw, de Nederlandse vrouw
duty-free belastingvrij
dyke de dijk

each iedere
    two guilders each twee gulden per stuk
early vroeg
earrings de oorbellen
ears de oren
east het oosten
easy gemakkelijk
egg het ei
egg cup het eierdopje
either: either of them het eene of het andere
    either ... or... of ... of...
elastic elastisch
elastic band het elastiekje
elbows de ellebogen
electric elektrisch
electricity de elektriciteit
else: something else iets anders
    someone else iemand anders
    somewhere else ergens anders
embarrassing genant
embassy de ambassade
embroidery het borduurwerk
emerald de smaragd
emergency het spoedgeval
empty leeg
end het einde

engaged *(couple)* verloofd
(occupied) bezet
engine *(motor)* de motor
(railway) de locomotief
England Engeland
English Engels
Englishman de Engelsman
Englishwoman de Engelse
enlargement de vergroting
enough genoeg
entertainment het amusement
entrance de ingang
envelope de enveloppe
escalator de roltrap
especially vooral
evening de avond
every ieder
everyone iedereen
everything alles
everywhere overal
example het voorbeeld
 for example bijvoorbeeld
excellent uitstekend
excess baggage het overgewicht
exchange *(verb)* wisselen
exchange rate de wisselkoers
excursion de excursie
excuse me *(to get attention)* pardon
(sorry) sorry
exit *(noun)* de uitgang
expensive duur
extension lead het verlengsnoer
eye drops de oogdruppels
eyes de ogen

face het gezicht
faint *(verb)* flauw vallen
 to feel faint zich flauw voelen
fair *(funfair)* de kermis
(just) eerlijk, fair

it's not fair dat is niet eerlijk
false teeth het kunstgebit
family de familie
fan *(ventilator)* de ventilator
(enthusiast) de fan
(sport) de supporter
fan belt de ventilatorriem
far ver
 how far is...? hoe ver is...?
fare het tarief
farm de boerderij
farmer de boer
fashion de mode
fast snel
fat *(person)* dik
(on meat etc) het vet
father de vader
feel *(touch)* voelen
 I feel hot ik heb het warm
 I feel like... *(food)* ik heb zin
in...
feet de voeten
felt-tip pen de viltstift
ferry de veerboot
fever de koorts
fiance(e) de verloofde
field het veld
figs de vijgen
filling *(tooth)* de vulling
(sandwich etc) het beleg
film *(camera)* het filmpje
filter de filter
finger de vinger
fire de brand
(campfire etc) het vuur
(heater) de kachel
fire extinguisher de brandblusser
firework het vuurwerk
first eerst
first aid eerste hulp, E.H.B.O.
first floor de eerste verdieping
fish de vis

fishing vissen
  to go fishing gaan vissen
fishing rod de vishengel
fishmonger de visboer
fizzy bruisend
flag de vlag
flash *(camera)* de flitser
flat *(level)* vlak
  (apartment) de flat
flavour de smaak
flea de vlo
Flemish Vlaams
flight de vlucht
flip-flops de teenslippers
flippers de zwemvliezen
flour het meel
flower de bloem
flu de griep
flute de fluit
fly *(verb)* vliegen
  (insect) de vlieg
fog de mist
folk music de volksmuziek
food het voedsel
food poisoning de
voedselvergifting
foot de voet
football het voetbal
  (ball) de voetbal
for:
  for me voor mij
  what for? waarom?
  for a week voor een week
foreigner de buitenlander
forest het bos
forget: I forget ik ben het
vergeten
fork de vork
fortnight twee weken
fountain pen de vulpen
fourth vierde
fracture de breuk

France Frankrijk
free *(no cost)* gratis
  (at liberty) vrij
freezer de diepvries
French Frans
Frenchman de Fransman
Frenchwoman de Francaise
fridge de koelkast
friend de vriend
friendly vriendelijk
front: in front of voor
frost de vorst
fruit het fruit
fruit juice het vruchtensap
fry bakken
frying pan de koekepan
full vol
  I'm full ik zit vol
full-board volpension
funnel *(for pouring)* de trechter
funny *(amusing)* grappig
  (odd) vreemd
furniture het meubilair

garage de garage
garden de tuin
garlic het knoflook
gas permeable lenses de
poreuze lenzen
gay *(happy)* vrolijk
  (homosexual) homofiel
gear de versnelling
gear lever de versnellingshandel
gents *(toilet)* het herentoilet
German *(man)* de Duitser
  (woman) de Duitse
  (adj) Duits
Germany Duitsland
get *(fetch)* halen
  have you got...? hebt u...?

to get the train de trein nemen
get back: we get back
  tomorrow we komen morgen
  terug
  to get something back iets
  terug krijgen
get in instappen
get out *(of car)* uitstappen
  (bring out) er uit halen
get up *(rise)* opstaan
gift het cadeau
gin de gin
ginger de gember
girl het meisje
girlfriend de vriendin
give geven
glad blij
  I'm glad ik ben blij
glass het glas
glasses de bril
gloss prints de glanzende foto's
gloves de handschoenen
glue de lijm
gold het goud
golf het golf
good goed
  good! goed!
goodbye tot ziens
government de regering
granddaughter de kleindochter
grandfather de grootvader
grandmother de grootmoeder
grandson de kleinzoon
grapes de druiven
grass het gras
Great Britain Groot Brittannie
green groen
grey grijs
grill de gril
grocer *(shop)* de kruidenierswinkel
ground floor de begane grond
ground sheet het grondzeil

guarantee *(noun)* de garantie
  (verb) garanderen
guard de bewaker
guide book de reisgids
guitar de gitaar
gun *(rifle)* het geweer
  (pistol) het pistool

hair het haar
haircut het kapsel
hairdresser *(man)* de kapper
  (woman) de kapster
hair dryer de haardroger
hair spray de haarlak
half half
  half an hour een half uur
half board halfpension
ham de ham
hamburger de hamburger
hammer de hamer
hand de hand
handbag de handtas
hand brake de handrem
handkerchief de zakdoek
handle het handvat
handsome knap
hangover de kater
happy gelukkig
harbour de haven
hard hard
  (difficult) moeilijk
hard lenses harde lenzen
hat de hoed
have hebben
  I don't have... ik heb geen...
  can I have...? mag ik ...
  hebben
  have you got...? hebt u...?
  I have to go now ik moet nu
  gaan

hayfever de hooikoorts
he hij
head het hoofd
headache de hoofdpijn
headlights de koplichten
hear huren
hearing aid het gehoorapparaat
heart het hart
heart attack de hartaanval
heating de verwarming
heavy zwaar
heel de hiel
 (of shoe) de hak
hello hallo
 (to get attention) hallo
help *(noun)* de hulp
 (verb) helpen
 help! help!
her: it's her zij is het
 her case haar koffer
 it's for her het is voor haar
 give it to her geef het aan
 haar
 it's hers het is van haar
here hier
hi hallo
high hoog
highway code de
 verkeersvoorschriften
hill de heuvel
him: it's him hij is het
 it's for him het is voor hem
 give it to him geef het aan
 hem
hire huren
his zijn
 it's his het is van hem
history de geschiedenis
hitch-hike liften
hobby de hobby
holiday de vakantie
Holland Holland

honest eerlijk
honey de honing
honeymoon de huwelijksreis
horn *(car)* de toeter
 (animal) de hoorn
horrible verschrikkelijk
hospital het ziekenhuis
hot heet
hot water bottle de kruik
hour het uur
house het huis
how? hoe?
hungry hongerig
 I'm hungry ik heb honger
hurry: I'm in a hurry ik heb
 haast
husband de echtgenoot

I ik
ice het ijs
ice cream het ijsje
ice cube het ijsblokje
ice lolly de ijslollie
ice rink de ijsbaan
ice-skates de schaatsen
if als
in in
India India
Indian *(man)* de Indiër
 (woman) de Indische
 (adj) Indisch
ignition de ontsteking
ill ziek
immediately onmiddellijk
impossible onmogelijk
indicator de richtingaanwijzer
indigestion de indigestie
infection de infectie
information de informatie
injection de injectie

injury de verwonding
ink de inkt
inn de herberg
inner tube de binnenband
insect het insekt
insect repellent de insektenverdrijver
insomnia de slapeloosheid
insurance de verzekering
interesting interessant
interpret tolken
invitation de uitnodiging
Ireland Ierland
Irish *(adj)* Iers
Irishman de Ier
Irishwoman de Ierse
iron *(metal)* het ijzer
  (for clothes) het strijkijzer
ironmonger de ijzerwarenhandelaar
is: he/she is hij/zij is
  it is het is
island het eiland
it het
Italian *(man)* de Italiaan
  (woman) de Italiaanse
  (adj) Italiaans
Italy Italië
itch *(noun)* de jeuken
  it itches het jeuk

jacket de jas
jacuzzi het massagebad
jam de jam
jazz jazz
jealous jaloers
jeans de spijkerbroek
jellyfish de kwal
jeweller de juwelier
job de baan

jog *(verb)* joggen
  to go for a jog gaan joggen
joke de mop
journey de reis
jumper de trui
just: it's just arrived het is net aangekomen
  I've just one left ik heb er nog maar een over

kettle de ketel
key de sleutel
kidney de nier
kilo het kilo
kilometre de kilometer
kitchen de keuken
knee de knie
knife het mes
knit breien
knitting needle de breinaald
know: I don't know ik weet het niet

label *(clothes)* het label
  (food) het etiket
lace het kant
  (of shoe) de veter
ladies *(toilet)* het damestoilet
lake het meer
lamb het lammetje
lamp de lamp
lampshade de lampekap
land *(noun)* het land
  (verb) landen
language de taal
large groot
last *(final)* laatst
  last week/month

vorige week/vorige maand
at last! eindelijk!
late: it's getting late het wordt
laat
the bus is late de bus is laat
laugh lachen
launderette de wasserette
laundry *(place)* de wasserij
(clothes) het wasgoed
laxative het laxeermiddel
lazy lui
leaf het blad
leaflet de brochure
learn leren
leather het leer/leder
left *(not right)* links
there's nothing left er is niets
meer over
left luggage het bagagedepot
leg het been
lemon de citroen
lemonade de limonade
length de lengte
lens de lens
less minder
lesson de les
letter *(post)* de brief
(alphabet) de letter
letterbox de brievenbus
lettuce de sla
library de bibliotheek
licence de vergunning
life het leven
lift *(in building)* de lift
(in car) de lift
to give someone a lift iemand
een lift geven
light licht
lighter de aansteker
lighter fuel de vulling (voor een
aansteker)
lightmeter de belichtingsmeter

like: I like you ik vind je
aardig
I like swimming ik zwem graag
it's like... het is net als...
lime *(fruit)* de limoen
lip salve de lippenzalf
lipstick de lippenstift
liqueur de likeur
list de lijst
litre de liter
litter het afval
little *(small)* klein
it's a little big het is een
beetje groot
just a little een klein beetje
liver de lever
lobster de kreeft
lollipop de lollie
London Londen
long lang
how long? hoe lang?
lorry de vrachtwagen
lost property gevonden
voorwerpen
lot: a lot veel
loud luid
(colour) schreeuwend
lounge *(hotel)* de lounge
(home) de zitkamer
love: I love you ik hou van je
low laag
luck het geluk
good luck! sterkte!
luggage de bagage
luggage rack het bagagerek
lunch de lunch
Luxembourg Luxemburg

magazine het tijdschrift
mail de post

make maken
make-up de make-up
man de man
manager *(factory/shop)* de
  bedrijfsleider
  (department) de chef
map de kaart
  (street map) de plattegrond
margarine de margarine
market de markt
marmalade de marmelade
married getrouwd
mascara de mascara
mass *(church)* de mis
match *(light)* de lucifer
  (sport) de wedstrijd
material *(cloth)* de stof
mattress het matras
maybe misschien
me: it's me ik ben het
  it's for me het is voor mij
  give it to me geef het aan mij
meal de maaltijd
meat het vlees
mechanic *(car)* de monteur
medicine het medicijn
meeting de vergadering
melon de meloen
menu het menu, de kaart
message de boodschap
midday de middag
middle het midden
midnight middernacht
milk de melk
mine: it's mine het is van mij
mineral water het mineraalwater
minute de minuut
mirror de spiegel
Miss juffrouw
mistake de fout
  to make a mistake een fout
  maken

money het geld
month de maand
monument het monument
moped de bromfiets
more meer
  more or less min or meer
morning de morgen
  **in the morning/every
  morning** 's morgens
mother de moeder
motorbike de motor
motorboat de motorboot
motorway de(auto)snelweg
mountain de berg
mouse de muis
moustache de snor
mouth de mond
move *(verb)* bewegen
  I can't move ik kan me niet
  bewegen
  to move house verhuizen
movie de film
Mr *(spoken)* mijnheer
Mrs mevrouw
much: not much niet veel
mug de beker
mum ma
museum het museum
mushrooms de champignons
music de muziek
musical instrument het
  muziekinstrument
musician de musicus
mussels de mosselen
mustard de mosterd
my mijn
  that's my book dat is mijn
  boek

nail *(finger)* de nagel

(for wood) de spijker
nail file het nagelvijl
nail polish de nagellak
name de naam
napkin het servet
nappy de luier
narrow nauw
near dichtbij
　near London bij Londen
necessary nodig
neck de nek, de hals
necklace de halsketting
need *(verb)* nodig hebben
　I need to go ik moet gaan
　there's no need het is niet
　nodig
needle de naald
negative *(photo)* het negatief
neither: neither of them geen
van beide
　neither ... nor noch ... noch
nephew de neef
Netherlands Nederland
never nooit
new nieuw
news het nieuws
newsagent de
boek- en tijdschriftenwinkel
newspaper de krant
New Zealand Nieuw-Zeeland
next volgend
　next to naast
　next week/month volgende
week/maand
　whatever next? wat nu weer?
nice fijn
niece de nicht
night de nacht
nightclub de nachtclub
nightdress de nachtjapon
night porter de nachtportier
no *(response)* nee

(not any) geen, geen een
noisy luidruchtig
north het noorden
Northern Ireland Noord-Ierland
North Sea de Noordzee
nose de neus
nose drops de neusdruppels
not niet
notebook het notitieboek
novel de roman
now nu
nudist de nudist
number het getal
　(telephone) het telefoonnummer
number plate de nummerplaat
nurse de verpleegster
nut *(fruit)* de noot
　(for bolt) de moer

occasionally nu en dan
of van
office het kantoor
often vaak
oil de olie
ointment de zalf
OK oké
old oud
olive de olijf
omelette de omelet
on op
one een
onion de ui
open *(verb)* openen
　(adj) open
operator *(phone)* de telefoniste
opposite: opposite the hotel
　tegenover het hotel
optician de opticien
or of
orange *(colour)* oranje

(fruit) de sinaasappel
orange juice het sinaasappelsap
orchestra het orkest
organ het orgel
our ons, onze
  it's ours het is van ons
out: he's out hij is niet thuis
outside buiten
over *(above)* boven
  over there daarginds
overtake inhalen
oyster de oester

pack of cards het pak kaarten
package het pak
  (parcel) het pakket
packet het pakje
  a packet of... een pakje...
page de bladzijde
pain de pijn
pair een paar
Pakistan Pakistan
Pakistani *(man)* de Pakistaan
  (woman) de Pakistaanse
  (adj) Pakistaans
pancake de pannekoek
paracetamol de paracetamol
paraffin de paraffine
parcel het pakket
pardon? pardon?
parents de ouders
park *(noun)* het park
  (verb) parkeren
parsley de peterselie
party *(celebration)* het feest
  (group) de groep, het gezelschap
  (political) de partij
passenger de passagier
passport het paspoort
path het pad

pavement de stoep
pay betalen
peach de perzik
peanuts de pinda's
pear de peer
pearl de parel
peas de doperwten
pedestrian de voetganger
peg *(clothes)* de kleerhanger
pen de pen
pencil het potlood
pencil sharpener de
  potloodslijper
penfriend *(male)* de penvriend
  (female) de penvriendin
penknife het zakmes
pepper de peper
  (red/green) de rode/groene
  paprika
peppermints de pepermunten
per: per night per nacht
perfume de parfum
perhaps misschien
perm het permanent
petrol de benzine
petrol station het benzinestation
petticoat de onderrok
photograph *(noun)* de foto
  (verb) fotograferen
photographer de fotograaf
phrase book de taalgids
piano de piano
pickpocket de zakkenroller
picnic de picknick
piece het stuk
pillow het kussen
pilot de piloot
pin de speld
pineapple de ananas
pink rose
pipe *(for smoking)* de pijp
  (for water) de leiding

piston de zuiger
piston ring de zuigerveer
plant de plant
plaster *(sticking)* de pleister
  (of paris) het gipsverband
plastic het plastic
plastic bag de plastic tas
plate het bord
platform het perron
please alstublieft
plug *(electrical)* de stekker
  (sink) de stop
pocket de zak
poison het vergif
police de politie
policeman de politieagent
police station het politiebureau
politics de politiek
poor arm
  (bad quality) slecht
pop music de popmuziek
pork het varkensvlees
port *(harbour)* de haven
  (drink) de port
porter de portier
post *(noun)* de post
  (verb) posten
post box de brievenbus
postcard de briefkaart
poster de poster
postman de postbode
post office het postkantoor
potato de aardappel
poultry het gevogelte
pound (money, weight) het
  pond
powder het poeder
pram de kinderwagen
prawn de garnaal
prescription het recept
pretty *(beautiful)* mooi
  (quite) tamelijk

priest de priester
private privé
problem het probleem
  what's the problem? wat is
  het probleem?
public openbaar
pull trekken
puncture de lekke band
purple violet
purse de portemonnee
push duwen
pushchair de wandelwagen
pyjamas de pyjama

quality de kwaliteit
quay de kade
question de vraag
queue *(noun)* de rij
  (verb) in de rij staan
quick snel
quiet rustig
quilt de gewatteerde deken
quite: quite a lot heel wat

radiator *(heating)* de radiator
  (car) de radiateur
radio de radio
radish de radijs
railway line de spoorlijn
rain de regen
raincoat de regenjas
raisin de rozijn
rare *(uncommon)* zeldzaam
  (steak) rood
raspberry de framboos
rat de rat
razor blades de scheermesjes
reading lamp de leeslamp

ready klaar
rear lights de achterlichten
receipt de kassabon
receptionist de receptioniste
record *(music)* de elpee (lp)
   (sporting etc) het record
record player de platenspeler
record shop de platenzaak
red rood
refreshments de verfrissingen
registered letter de aangetekende
   brief
relax zich ontspannen
religion de godsdienst
remember zich herinneren
   I don't remember ik kan me
   niet herinneren
rent *(verb)* huren
reservation de reservering, de
   bespreking
rest *(remainder)* de rest
   (relax) rusten
restaurant het restaurant
restaurant car de
   restauratiewagen
return *(come back)* terugkomen
   (give back) teruggeven
rice de rijst
rich rijk
right *(correct)* juist
   (direction) rechts
ring *(to call)* bellen
   (wedding) de ring
ripe rijp
river de rivier
road de weg
rock *(stone)* de rots
   (music) rock and roll
roll *(bread)* het broodje
   (verb) rollen
roller skates de rolschaatsen
roof het dak

room de kamer
   (space) de ruimte
rope het touw
rose de roos
round *(circular)* rond
   it's my round dit is mijn
   rondje
rowing boat de roeiboot
rubber *(eraser)* het vlakgom
   (material) het rubber
rubbish het afval
ruby *(colour)* robijn
   (stone) de robijn
rucksack de rugzak
rug *(mat)* het vloerkleedje
   (blanket) het deken
ruins de ruïne
ruler de lineaal
rum de rum
run *(person)* rennen
runway de startbaan

sabot de klomp
sad bedroefd
safe veilig
safety pin de veiligheidsspeld
sailing boat de zeilboot
salad de salade, de sla, het slaatje
salami de salami
sale de verkoop
   (at reduced prices) de uitverkoop
salmon de zalm
salt het zout
same: the same hetzelfde
   the same again nog een keer
   hetzelfde
sand het zand
sandals de sandalen
sand dunes de duinen
sandwich de boterham

sanitary towels het damesverband
sauce de saus
saucepan de steelpan
sauna de sauna
sausage de worst
say zeggen
  what did you say? wat zei u?
  how do you say...? hoe zeg
  je...?
scampi garnalen
Scandinavia Scandinavië
scarf de sjaal
school de school
scissors de schaar
Scot *(man)* de Schot
  (woman) de Schotse
Scotland Schotland
Scottish Schots
screw de schroef
screwdriver de schroevedraaier
sea de zee
seafood restaurant het
  visrestaurant
seat de plaats
seat belt de veiligheidsgordel
second tweede
see zien
  I can't see ik kan niet zien
  I see! nu begrijp ik het!
sell verkopen
sellotape *(R)* het sellotape
serious serieus
separate apart
separated: we're separated we
  wonen gescheiden
serviette het servet
several verscheidene
sew naaien
shampoo de shampoo
shave *(verb)* scheren
shaving foam de scheerschuim
shawl de omslagdoek

(for head) de hoofddoek
she ze, zij
sheet het laken
shell de schelp
sherry de sherry
ship het schip
shirt het overhemd
shoe laces de schoenveters
shoe polish de schoensmeer
shoe shop de schoenenwinkel
shoes de schoenen
shop de winkel
shopping: to go shopping gaan
  winkelen
shopping centre het
  winkelcentrum
short kort
shorts de korte broek
shoulder de schouder
shower *(bath)* de douche
  (rain) de regenbui
shrimp de garnaal
shutter *(camera)* de sluiter
  (window) het luik
sick *(ill)* ziek
  I feel sick ik voel me misselijk
side de kant
  (page) de bladzijde
  I'm on his side ik sta aan zijn
  kant
sidelights de zijlichten
sights: the sights of ...
  de bezienswaardigheden van...
silk de zijde
silver *(colour)* zilverkleurig
  (metal) het zilver
simple eenvoudig
sing zingen
single *(unmarried)* ongehuwd
single room de eenpersoonskamer
sister de zuster
skates de schaatsen

skid *(verb)* slippen
skin cleanser de huidreiniger
skirt de rok
sky de hemel
sledge de slee
sleep *(verb)* slapen
  to go to sleep gaan slapen
sleepy: I am sleepy ik heb slaap
sleeping bag de slaapzak
sleeping car de slaapwagen
sleeping pill de slaappil
sling *(med)* de mitella
slippers de pantoffels
slow langzaam
small klein
smell *(noun)* de geur
  (verb) ruiken
smile *(noun)* de glimlach
  (verb) glimlachen
smoke *(noun)* de rook
  (verb) roken
snack het hapje
snorkel de snorkel
snow de sneeuw
so zo
soaking solution *(for contact
  lenses)* de bewaarvloeistof
soap de zeep
socks de sokken
soda water het sodawater
soft lenses zachte lenzen
somebody iemand
somehow of de een of andere
  manier
something iets
sometimes soms
somewhere ergens
son de zoon
song het lied
sorry: I'm sorry het spijt me
soup de soep
south het zuiden

South Africa Zuidafrika
South African *(man)* de
  Zuidafrikaner
  (woman) de Zuidafrikaanse
  (adj) Zuidafrikaans
souvenir het souvenir
spade *(shovel)* de spade
spades *(cards)* schoppen
Spain Spanje
Spaniard de Spanjaard
Spanish Spaans
spanner de moersleutel
spares de reserve-onderdelen
spark(ing) plug de
  ontstekingsbougie
speak spreken
  do you speak...? spreek u...?
  I don't speak... ik spreek
  geen...
speed de snelheid
speed limit de maximumsnelheid-
speedometer de snelheidsmeter
spider de spin
spinach de spinazie
spoon de lepel
sprained verstuikt
spring *(mechanical)* de veer
  (season) de lente
stadium het stadion
staircase de trap
stairs de trap
stamp de postzegel
stapler de nietmachine
star de ster
start de start, het begin
  (verb) beginnen, starten
station het station
statue het standbeeld
steak de biefstuk
steal stelen
  it's been stolen het is
  gestolen

steamer de stoomboot
steering wheel het stuur
steward de steward
sting *(noun)* de steek
  (verb) steken
  it stings het steekt
stockings de kousen
stomach de maag
stomach ache de maagpijn
stop *(verb)* stoppen
  (bus stop) de bushalte
stop! stop!
storm de storm
strawberry de aardbei
stream het riviertje
street de straat
string *(cord)* het koord
  (guitar etc) de snaar
student de student
stupid stom
suburbs de voorsteden
sugar de suiker
suit *(noun)* het pak
  it suits you het staat je
suitcase de koffer
sun de zon
sunbathe zonnen
sunburnt door de zon verbrand
sunglasses de zonnebril
sunny zonnig
suntan lotion de
  zonnebrandcrème
supermarket de supermarkt
supplement de toeslag
sure: are you sure?
surname de achternaam
sweat *(verb)* zweten
  (noun) het zweet
sweatshirt het sweatshirt
sweet *(not sour)* zoet
  (candy) het snoepje
  (dessert) het nagerecht

swimming costume het badpak
swimming pool het zwembad
swimming trunks de zwembroek
Swiss *(man)* de Zwitser
  (woman) de Zwitserse
  (adj) Zwitsers
switch de schakelaar
Switzerland Zwitserland
synagogue de synagoge

table de tafel
tablet de tablet
take nemen
take off *(noun)* de start
  (verb) opstijgen
take away: to take away
  om mee te nemen
talcum powder het talkpoeder
talk *(verb)* praten
  (noun) het gesprek
tall lang
tampon de tampon
tangerine de manderijn
tap de kraan
tapestry het wandtapijt
tea de thee
tea towel de theedoek
telegram het telegram
telephone *(noun)* de telefoon
  (verb) telefoneren, bellen
telephone box de telefooncel
telephone call het telefoongesprek
television de televisie
temperature *(heat)* de
  temparatuur
  (fever) de verhoging
tent de tent
tent peg de tentpen, de tentharing
tent pole de tentpaal
than dan

thank *(verb)* bedanken
  thanks bedankt
  thank you dank u, dank u wel
that dat
  that man die man
  that woman die vrouw
  what's that? wat is dat?
  I think that... ik denk dat...
their hun
theirs: it's theirs het is van
  hun
them: it's them ze zijn het
  it's for them het is voor hun
  give it to them geef het aan
  hun
then toen
  (consequently) dan
there daar
thermos flask de thermosfles
these: these things deze dingen
  these are mine deze zijn van
  mij
they zij
thick dik
thin dun
think denken
  I think so ik denk van wel
  I'll think about it ik zal er
  over nadenken
third derde
thirsty dorstig
  I'm thirsty ik heb dorst
this: this man deze man
  this woman deze vrouw
  this is Mr... dit is mijnheer...
those: those things die dingen
  those are his die zijn van hem
throat de keel
throat pastilles de keelpastilles
through door
thunderstorm de onweersbui
ticket het kaartje, het

plaatsbewijs
tide het getij
  low tide de eb
  high tide de vloed
tie *(noun)* de stropdas
  (verb) vastbinden
tights de panties
time de tijd
  what's the time? hoe laat is
  het?
timetable de dienstregeling
tin het blik
tin opener de blikopener
tip *(money)* de fooi
tired moe
  I feel tired ik voel me moe
tissues de tissues
to: to England naar Engeland
  to the station naar het station
  to the bus stop naar de
  bushalte
toast de toast
tobacco de tabak
toboggan de slee
today vandaag
together samen
toilet het toilet
toilet paper het toiletpapier
tomato de tomaat
tomato juice het tomatensap
tomorrow morgen
tongue de tong
tonic de tonic
tonight vanavond
too *(also)* ook
  (excessive) te
tooth de tand
toothache de kiespijn
toothbrush de tandenborstel
toothpaste de tandpasta
torch de zaklantaarn
tour de reis

tourist de toerist
tourist information office het
  VVV kantoor (pron: vey-vey-vey)
towel de handdoek
tower de toren
town de stad
town hall het stadhuis
toy het speelgoed
toy shop de speelgoedwinkel
track suit het trainingspak
tractor de tractor
tradition de traditie
traffic het verkeer
traffic lights de verkeerslichten
trailer de aanhangwagen
train de trein
translate vertalen
transmission de versnellingsbak
travel agency het reisbureau
traveller's cheque de reischeque
tray het blad
tree de boom
trousers de broek, de pantalon
truck de vrachtwagen
try proberen
tulip de tulp
tunnel de tunnel
tweezers het pincet
typewriter de typemachine
tyre de band

umbrella de paraplu
uncle de oom
under onder
underground de metro
underpants de onderbroek
understand begrijpen
  I don't understand ik begrijp
  het niet
university de universiteit

until tot
unusual ongebruikelijk
up boven
urgent dringend
us: it's us wij zijn het
  it's for us het is voor ons
  give it to us geef het aan ons
use *(noun)* het gebruik
  (verb) gebruiken
  it's no use het heeft geen zin
useful nuttig
usual gewoonlijk
usually gewoonlijk

vacancy *(job)* de vacature
  (room) een kamer vrij
vacuum cleaner de stofzuiger
vacuum flask de thermosfles
valley het dal
valve het ventiel
vanilla de vanille
vase de vaas
veal het kalfsvlees
vegetables de groenten
vegetarian *(person)* de vegetariër
  (adj) vegetarisch
vehicle het voertuig
very erg, zeer
vest het onderhemd
view het uitzicht
viewfinder de zoeker
villa de villa
village het dorp
vinegar de azijn
violin de viool
visa het visum
visit *(noun)* het bezoek
  (verb) bezoeken
visitor de bezoeker
vitamin tablet de vitaminetablet

vodka de wodka
voice de stem

wait wachten
waiter de ober
waiting room de wachtkamer
waitress de kelnerin
Wales Wales
walk *(verb)* wandelen, lopen
  (noun) de wandeling
  to go for a walk een wandeling
  maken
walkman *(R)* de walkman *(R)*
wall *(inside)* de wand
  (outside) de muur
wallet de portefeuille
war de oorlog
wardrobe de kleerkast
warm warm
was: I was ik was
  he/she was hij/zij was
  it was het was
washing powder het waspoeder
washing-up liquid het
  afwasmiddel
wasp de wesp
watch *(noun)* het horloge
  (verb) kijken
water het water
waterfall de waterval
wave *(noun)* de golf
  (verb) wuiven
we we, wij
weather het weer
wedding de bruiloft
week de week
welcome welkom
  you're welcome graag gedaan
wellingtons de rubberlaarzen
Welsh *(adj)* Wels

she's Welsh zie komt uit Wales
Welshman een bewoner van
  Wales
were: you were *(sing. familiar)*
  jij was
  (sing. polite) u was
  (plural familiar) jullie waren
  (plural polite) u was
  we were we waren
  they were zij waren
west het westen
West Indies West-Indië
wet nat
what? wat?
wheel het wiel
wheelchair de rolstoel
when? wanneer?
where? waar?
which? welke?
whisky de whisky
white wit
who? wie?
why? waarom?
wide wijd
wife de echtgenote
wind de wind
windmill de windmolen
window het raam
windscreen de voorruit
windscreen wiper de ruitewisser
wine de wijn
wine list de wijnkaart
wine merchant de wijnverkoper
wing de vleugel
with met
without zonder
woman de vrouw
wood *(forest)* het bos
  (material) het hout
wool de wol
word het woord
work *(noun)* het werk

(verb) werken
worse slechter
worst slechtst
wrapping paper het inpakpapier
wrist de pols
writing paper het schrijfpapier
wrong fout

year het jaar
yellow geel
yes ja
yesterday gisteren
yet: is it ready yet? is het al
  klaar?
  not yet nog niet

yoghurt de yoghurt
you *(sing. familiar)* jij
  (sing. polite) u
  (plural familiar) jullie
  (plural polite) u
your *(sing. familiar)* jouw
  (sing. polite) uw
  (plural familiar) jullie
  (plural polite) u
yours *(sing. familiar)* van jou
  (sing. polite) van u
youth hostel de jeugdherberg

zip de ritssluiting
zoo de dierentuin